# 21 jours pour **dresser votre chien**

Traduction : Cécile Giroldi. Correction : Jean-Pierre Leblan.
Adaptation maquette : emigreen.com

# 21 jours pour dresser votre chien

COLIN TENNANT

• MARABOUT •

## L'auteur

De nationalité britannique, Colin Tennant est un spécialiste du dressage des chiens. Il dirige un centre de comportement canin, dont le but est de prodiguer aide et conseils aux propriétaires de chiens de toutes races. À la fin des années 1970, il s'est occupé du service de chiens policiers de Cheshire. Titulaire d'un diplôme de maître-chien décerné par le ministère de l'Intérieur britannique, Colin Tenant a commencé sa carrière de spécialiste du comportement canin et de dresseur à Manchester, au sein de l'Asoka Training School. Au début des années 1980, il a fondé le London Dog Training Group spécialisé dans le dressage des chiens difficiles.

Il a dressé des animaux dans le cadre de plus de 100 émissions télévisées et a enregistré plus de 50 vidéocassettes traitant des problèmes de dressage et des soins à apporter aux chats et aux autres animaux domestiques. Il fait des conférences dans le monde entier et écrit souvent des articles pour les journaux et les magazines britanniques. Il assume les fonctions de consultant auprès des médias, collabore avec la BBC et d'autres chaînes de télévision britanniques, participe à des émissions de radio et prête son concours à des cinéastes. Il préside la Canine and Feline Behaviour Association de Grande-Bretagne et dirige la Canine and Feline Behaviour Centre, dans le Hertfordshire, où il applique ses talents de comportementaliste. Il est l'auteur de « Faire perdre ses mauvaises habitudes à son chien ».

Ce livre est destiné à vous permettre de dresser votre chien en 21 jours seulement. Il vous propose une grande variété d'exercices, ainsi que des solutions pour remédier aux problèmes auxquels vous risquez de vous heurter. Les programmes et les techniques qu'il comporte ne présentent aucun danger. Cependant vous devez savoir que les chiens n'ont pas tous le même tempérament, qu'ils appartiennent à des races différentes et sont plus ou moins dociles. C'est donc à vous qu'il incombe de choisir les méthodes que vous souhaitez appliquer en tenant compte du caractère, de l'histoire et des traits particuliers de votre chien. L'auteur et l'éditeur ne garantissent ni les informations ni les recommandations qui figurent dans ce manuel et rejettent toute responsabilité concernant l'usage du matériel décrit.

# Sommaire

## Chapitre 2
## **Les principes du programme**
pages 29-39



Un loup dans votre maison... Comment le comportement du maître affecte-t-il le dressage ?... Le plan de la maison... La chambre... Le salon... Les fauteuils confortables... Ne le laissez pas bloquer le passage... Les embrasures de portes et les portails... Nourrir son chien... Bons morceaux, friandises et aliments... Jouets et ballons... Caresses et câlins.... Indifférence... Éduquer son chien et asseoir son autorité... La durée du programme... Utiliser une laisse pour maîtriser un chien difficile

## Chapitre 3
## Apprendre l'obéissance aux chiots
pages 41-47



Un ou deux chiots ?... Personnalité... L'intelligence du chiot... Éduquer un chiot... Introduction de la laisse et du collier... « Assis ! »/« Couché ! »/« Pas bouger ! »

## Chapitre 4
## Matériel de dressage
pages 49-57



Harnais de sécurité... Harnais de marche... Les laisses à enrouleur... Une longue laisse... Le licou ou collier de tête... Habituer son chien à porter un licou... Les colliers étrangleurs (coulissants)... Le collier électronique à brumisation... Jouets à mâcher et autres articles... Les répulsifs... Les corbeilles... Les disques... Les sifflets... Les primes gourmandes... Un régime sain

## Chapitre 5
## Communication
pages 59-67



Créer un nouveau langage... Un comportement héréditaire... Ton de la voix... Récompenses... Expériences déplaisantes... Synchronisation... Motivation et cohérence... Coupables ? Ignorer son chien : une attitude qui paye... Geste de main... « Assis ! »... « Couché ! »... « Debout ! »... « Pas bouger ! »... « Viens ! » (rappel)

# Le programme d'entraînement
pp. 68-69

## Chapitre 6
**21 jours de dressage**
pages 71-77



Ordres utilisés... Programme de dressage... Récapitulatif des exercices... « Au pied ! »... « Assis ! »... « Debout ! »... « Couché ! »... « Pas bouger ! »... « Viens ! »... « Allez ! »... Conseils avant de commencer

## Chapitre 7
**Marcher au pied**
pages 79-103



Les ordres : un nouveau langage... Faire marcher les chiots au pied... Marcher au pied et tourner... Avancer en marchant au pied... Rotation à gauche... Demi-tour à gauche... Rotation à droite... Demi-tour à droite... Présence d'autres chiens... Rendre un chien vigilant... Marcher au pied dans une maison... Dressage au jardin... Marcher au pied dans la rue... Habituer le chien à la voiture... Faire sortir le chien de la voiture... Promenade avec une poussette... Utilisation des licous... Les harnais... Le collier étrangleur spécial

Chapitre 8
**« Pas bouger ! »**
pages 105-145



« Assis, debout, couché et pas bouger ! »... La position assise... Utilisation d'une récompense gourmande... Utilisation de jouets... Ignorer le chien... Attacher le chien... Utilisation de la gestuelle... Utilisation de la laisse et du collier... « Assis, pas bouger ! » – Les gestes de main... Tourner autour du chien immobile... « Assis, pas bouger ! » – Durée et distance... La position debout... Utilisation de friandises... Utilisation du collier et de la laisse... Utilisation de jouets... Contact fugitif... Attacher le chien... « Debout, pas bouger ! »... Position debout – Les problèmes... La position couchée... Appâtez-le avec un aliment... Appâtez-le avec un jouet... Utilisation de la laisse... Blocage de la laisse... Guider le chien avec la main... « Couché, pas bouger ! »... Varier les lieux de dressage... Deuxième semaine de dressage... À l'extérieur... Exemple de dressage : promenade jusqu'au parc... Dans le parc, trouvez un terrain approprié... Assis sans bouger – Signaux et durée... Problèmes courants... Sans bouger – Durée et distance... Combien de temps le laisser immobile ?... Conseils de dressage... Troisième semaine d'exercices... Problèmes courants... Jeux et distractions... Le retour

Chapitre 9

## Le rappel

pages 147-175



Pourquoi des problèmes surviennent-ils ?... Qu'est-ce qu'un maître laxiste ?... Un dressage tardif... Les instincts du chien... Rappeler le chiot... Rappel à l'aide d'un jouet... Problèmes... Rappel en tenant le chien en laisse... Rappel à l'aide d'un sifflet et de nourriture... Rappel à l'aide d'une longue laisse... Rappel au jardin... Rappel dans un parc... Comment faire obéir votre chien sans laisse ?... Quelques problèmes... Laisses à enrouleur... Rappel à l'aide d'un sifflet... Jeu de cache-cache... Rappel à l'aide d'un collier électronique

Chapitre 10

## À partir du 22e jour

pages 177-181



Combiner dressage et promenade... Devez-vous contacter un club de dressage ?... Une main secourable... Que faire si vous avez deux chiens ?

## Index

pages 183-188

## Remerciements

page 190

# Introduction

# L'homme et le chien

- Un membre très particulier de la famille.
- Le meilleur ami de l'homme… n'en est pas pour autant un homme.
- Savoir doser récompense et autorité.

Les chiens nous sont à tel point familiers qu'ils nous semblent faire partie du décor. Nous en oublions l'étonnante relation qui nous unit à eux et nous incite à leur faire partager notre foyer.

Imaginons un maître et son chien en train de jouer par terre dans le salon. Lorsque la sonnette de la porte d'entrée retentit, tous deux se redressent, cherchant à deviner qui peut bien sonner ainsi. Si la personne est invitée à pénétrer dans la pièce, le chien manifeste souvent de l'excitation et tente de faire plus ample connaissance. Comme son maître, il n'accueillera pas de la même façon un visiteur connu et un hôte de passage – ce qui prouve bien qu'il est parfaitement intégré à sa famille d'adoption ainsi qu'à son mode de vie.

Quel autre animal domestique se comporterait de cette façon ? Quel autre animal nous porterait autant d'intérêt et réagirait à nos gestes, à nos paroles ainsi qu'à nos changements d'humeur avec autant de sensibilité et de compréhension ? Aucun. Le chien sait étonnamment s'adapter à notre vie, quelle qu'elle soit.

Que nous soyons riches ou pauvres, il nous accepte tels que nous sommes et s'accommode de notre situation. Bien entendu il peut, comme certains enfants récalcitrants au sein d'une famille très unie, se montrer désobéissant. Ce livre propose justement des solutions pour remédier à ce genre de problème.

## Un mariage d'amour

Dans notre société moderne, les chiens comptent tellement pour tellement de gens qu'il importe d'essayer de les comprendre et d'apprécier la façon dont ils perçoivent le monde autour d'eux. C'est probablement parce que nous parvenons autant à communiquer avec eux que nous leur accordons une place de choix dans nos foyers.

Connaissez-vous beaucoup de personnes qui soient toujours là pour vous accueillir lorsque vous rentrez chez vous, ne vous critiquent jamais, veuillent partager votre compagnie quelle que soit votre humeur, ne soient pas rancunières et sachent vous témoigner autant d'attentions ? En réalité, les qualités que nous recherchons chez nos congénères sont plus fréquentes chez les chiens : d'où, sans doute, le succès que ces derniers rencontrent auprès de nous.

Les chiens n'essaient jamais de nous faire du mal. Constants, fidèles, ils font d'excellents gardiens, même s'ils se contentent d'aboyer lorsque quelqu'un s'approche de votre maison. Ce sont des animaux agréables au toucher – d'où leur côté attirant. Il est si plaisant de les caresser et de jouer avec eux, d'observer leurs progrès, leur développement, les nouvelles choses qu'ils apprennent, tout comme avec les enfants. Car les chiens ont le

don de réveiller l'instinct paternel ou maternel qui sommeille en chacun de nous.

À la différence de nombreux de nos semblables, ils se révèlent naturellement prêts à rester à nos côtés au gré des aléas de notre existence. Bien sûr, notre cerveau est autrement plus développé et complexe que le leur ; ils ne peuvent pas avoir du monde la même perception que nous, mais ils savent s'adapter à notre style de vie.

En outre, les chiens possèdent des caractéristiques qui nous flattent et nous plaisent, et c'est sans doute la raison qui nous pousse à entretenir avec eux des relations aussi étroites. Cependant, ils sont également mus par de puissants instincts, qui peuvent donner lieu à des situations conflictuelles. Bien que nous ayons beaucoup de choses en commun pour vivre en bonne entente, il arrive que des problèmes surviennent. D'où l'intérêt fondamental de comprendre et de dresser les chiens pour les résoudre.

## Styles de dressage

Un grand changement est récemment intervenu dans ce que l'on peut appeler « la philosophie du dressage ». L'accent n'est plus mis sur la contrainte, mais sur la gratification. Pour parler plus simplement, on apprend au chien à obéir en lui donnant une récompense. Ainsi, afin de l'encourager à s'asseoir, on va placer une friandise au-dessus de son museau, plutôt que de recourir à la force pour le mettre dans la position souhaitée. Tous les bons dresseurs utilisent la récompense, mais ils savent également adopter d'autres tactiques lorsqu'elle se révèle inefficace.

Il est très rare qu'un maître parvienne à dresser son chien sans employer de temps à autre la contrainte. Cette nouvelle peut chagriner les amis des bêtes, mais c'est ainsi. Les propriétaires de chiens veulent des résultats, non des préceptes. Trop souvent les partisans de tel ou tel type de dressage ont tendance à s'enfermer dans leurs principes. Ainsi certains n'acceptent de recourir qu'à des méthodes fondées sur l'encouragement positif, alors que celui-ci ne marche pas avec tous les animaux, notamment pas avec les chiens difficiles.

# L'intelligence des chiens

- Pour être exécuté, un ordre doit au moins être perçu.
- La famille : une meute de substitution.
- N'essayez pas de faire comprendre le stress à votre chien.

Le rappel, qui consiste à faire revenir vers vous un chien qui court dans un parc et fait mine de vous ignorer, prouve les limites d'un dressage reposant exclusivement sur l'octroi de récompenses. Il est difficile, en pareil cas, de se passer d'autorité et de n'avoir recours qu'aux friandises, aux compliments et aux jouets. Je me souviens d'un chien, dont j'ai eu l'occasion de m'occuper et qui, plutôt que d'obéir au rappel, préférait continuer à batifoler avec ses congénères, tout absorbé à les poursuivre ou à sauter sur ceux qui n'appréciaient pas ses marques d'amour. Il était simplement trop concentré sur ce qu'il faisait pour accorder la moindre attention à l'appétissant morceau de poulet qu'on agitait pour lui faire envie. Le problème avec de tels chiens, c'est que la récompense se révèle souvent moins tentante que leur activité du moment : d'où leur refus d'obéir. Il ne reste plus alors qu'à les forcer à obtempérer en employant des méthodes qu'ils n'apprécieront pas. En d'autres termes, il faudra les interrompre en rendant l'activité à laquelle ils s'adonnent déplaisante ou moins amusante (si vous préférez voir les choses de cette façon).

Lorsque vous aurez progressé dans la lecture de cet ouvrage et que vous en saurez plus sur le dressage, vous vous rendrez compte que nous utilisons principalement des méthodes d'apprentissage par la récompense, conjointement à d'autres techniques donnant de bons résultats. L'essentiel est de trouver celle qui convient le mieux à la fois au chien et à son maître. Mieux vaut donc privilégier toutes les approches.

## Pourquoi certains chiens sont-ils difficiles à dresser ?

La nature des chiens, comme celle des hommes, est fonction de tout un ensemble de facteurs : l'hérédité, l'intelligence, l'éducation ainsi que des comportements propres à chaque race. Les chiens qui ont eu une mauvaise éducation ou ont adopté un comportement indésirable seront plus difficiles à dresser qu'un jeune chien ou un chiot, beaucoup plus malléables. Quoi qu'il en soit, ne vous inquiétez pas outre mesure car, au bout du compte, tous peuvent être dressés : la plupart d'entre eux le sont aisément, d'autres auront besoin de quelques cours supplémentaires ; tout dépend, au bout du compte, de ce que votre chien représente pour vous, ainsi que du temps que vous êtes disposé(e) à consacrer à son éducation.

## Les instincts des chiens

Rien, dans la nature, ne pousse les chiens à vivre avec les humains et à leur obéir. C'est un pur hasard s'ils ont été domestiqués et sont devenus nos animaux de compagnie préférés. Comme tous les animaux, ils ont besoin de nourriture, de chaleur et d'un environnement stable. Une fois que ces besoins élémentaires sont satisfaits, les chiens tout comme les hommes sont contents. Spontanément, ils aiment vivre en meute. Pour un chien domestiqué, c'est votre famille et vous-même qui remplacez cette dernière. C'est pourquoi il se tiendra toujours non loin de vous lorsque vous irez vous promener. La plupart des propriétaires de chiens vivant dans des banlieues ou des villes sillonnées de routes, encombrées de voitures et remplies de toutes sortes de dangers, cette distance sera, pour des raisons de sécurité, nécessairement plus réduite que dans la nature. Si vous habitez à la campagne, les zones à éviter sont presque aussi nombreuses qu'en ville, même si elles sont différentes. Il faut veiller à ce que les chiens n'aillent pas courir dans les champs et ne s'approchent pas du bétail. Par conséquent, les chiens des campagnes doivent être dressés tout autant que ceux des villes, afin que tous apprennent à obéir et ne se retrouvent pas dans une situation dangereuse.

Les chiens n'ont pas la notion du temps et ne comprennent ni les désirs ni les impératifs de leur maître. Lorsqu'ils ont désobéi, ils remarquent la contrariété et la colère de ce dernier, mais ne savent pas vraiment ce qui a pu motiver son changement d'humeur. Aussi, lorsque vous sortez faire un tour le matin avec votre chien et qu'il file dans la direction opposée juste au moment où vous comptiez rentrer, n'oubliez pas qu'il ne connaît rien de vos motivations. Certes, vous êtes un être humain et avez vos propres émotions – d'où votre irritation en pareil cas. Dans ce livre, vous apprendrez à faire revenir votre chien, mais ne pourrez pas lui faire comprendre pourquoi il doit répondre à votre appel, si ce n'est en lui faisant miroiter une récompense. Il suffit d'ailleurs qu'il comprenne qu'il doit venir quand on l'appelle et s'exécute.

## Quelques problèmes de dressage courants

La double page suivante va tenter d'élucider les problèmes auxquels les propriétaires de chiens sont souvent confrontés. Lorsqu'on entend la plupart des gens parler du comportement de leur chien, on réalise que de véritables relations d'amour et de haine peuvent se tisser entre eux et que certains maîtres cèdent complètement aux caprices de leur compagnon à quatre pattes, le soir, au coin du feu. Comme avec les enfants, une fois la colère retombée, les bêtises des chiens sont presque toujours pardonnées. Et les chiens désobéissants comprennent sans doute très vite que, si les hommes peuvent souffler le chaud et le froid, il est toujours possible de les amadouer et d'arriver à ses fins. Mais vous en saurez plus sur le comportement des chiens une fois que vous aurez lu ce livre !

# Les problèmes courants

- Promenade ou cauchemar en plein air ?
- Une affection débordante.
- Le comportement du chien révèle le tempérament du maître.

## « Viens ici ! »

Après un voyage en voiture ou une promenade en laisse, de nombreux chiens sont tout excités lorsqu'on les lâche dans la nature. Comment en serait-il autrement ? Pour un chien constamment tenu en laisse ou peureux, se retrouver tout à coup en liberté constitue un véritable événement. Soudain les odeurs variées, la rencontre d'autres chiens et l'air frais parent leur nouvel environnement d'un charme irrésistible. Bien que les parcs soient des lieux aménagés par l'homme, les chiens aiment y courir sans entraves jusqu'à s'en griser.

Les maîtres, eux aussi, se réjouissent de voir leur chien gambader en liberté, mais lorsqu'ils le voient se mettre à tourner autour de certains de ses congénères ou importuner des promeneurs, ils se montrent brutalement désarmés et très gênés. Ils essaient tout d'abord de le rappeler à l'ordre d'une voix ferme, puis recourent à des gestes suppliants et finissent par le tirer maladroitement pour le détourner de ce qui le captive, en marmonnant qu'il est un vilain chien ou en le menaçant de ne plus revenir dans le parc. Et bien sûr, le soir venu, l'épisode est oublié.

Il est clair que des chiens qui n'obéissent pas quand on les appelle peuvent causer des accidents de circulation, voire mettre en péril la vie d'autrui. Il faut donc leur apprendre à obtempérer bon gré mal gré afin qu'ils s'adaptent à notre monde. La partie de ce livre consacrée à l'apprentissage du rappel (pp. 141-169) vous permettra de contrôler parfaitement votre chien.

## Qui promène qui ?

Le centre d'étude du comportement canin et félin que je dirige dispose d'un système de surveillance par caméras. Aussi m'arrive-t-il de pouvoir observer mes clients sortant de leur voiture avec leur exubérant compagnon à quatre pattes. Souvent, la scène en dit long sur la nature de leurs relations. Le maître manifeste une certaine anxiété quand vient le moment de faire sortir son chien. Il donne l'impression de se préparer à une bataille. Après avoir entrouvert la portière, il se rue sur le chien et parvient non sans mal à l'attacher. Quand l'animal a bondi hors de la voiture, il rassemble toutes ses forces pour le maîtriser et le conduire dans la salle de consultation. Je ris parfois rien que de voir l'expression de ces malheureux maîtres qui, entraînés par leur chien, entrent dans la pièce en disant : « Tu vas voir, tu vas apprendre à obéir maintenant ! ». Puis ils sourient avec un net soulagement lorsque leur chien, très excité, est finalement attaché par sa laisse à l'un des crochets fichés dans le mur.

Les chiens qui tirent sont pour de nombreuses personnes un véritable fléau. Dans le chapitre 7 de ce livre, qui traite de la marche au pied, vous découvrirez pourquoi les chiens ont ce genre de comportement. Vous trouverez aussi les solutions pour qu'ils cessent. Une fois qu'ils ont compris la commande « au pied », les chiens arrêtent de courir d'un endroit à un autre comme des dératés.

## Sauts intempestifs et sollicitations

Pour un chien, un moyen très courant d'essayer d'attirer l'attention de quelqu'un consiste à lui sauter au visage. Certaines personnes apprécient ces marques d'affection, tandis que d'autres les ont en horreur. Dans l'ensemble, ces épanchements ne plaisent pas beaucoup, même si le chien semble animé des meilleures intentions du monde. La diversité, ou plutôt l'incohérence ci-dessus mentionnée, de nos réactions constitue un ensemble de signaux incompréhensibles pour le chien et ne peuvent que semer la confusion dans son esprit. N'en trouvez-vous pas la trace dans son comportement ?

Il se peut, d'ailleurs, qu'il ne saute pas, mais seulement vous pousse un peu afin de solliciter votre intérêt. Les chiens, qui savent ruser pour garder ou améliorer leur position au sein de la meute, apprennent vite à attirer votre regard. Leur comportement est une manière d'affirmer leur domination, leur place au sein du groupe et de l'espace que vous partagez avec lui. Les chiens éprouvent beaucoup de plaisir lorsqu'on leur accorde de l'attention, surtout quand celle-ci émane du chef de famille. Ils se sentent renforcés dans leur statut. Mais tout se gâte quand ils cherchent par tous les moyens à devenir le centre de l'intérêt général, quand ils tentent d'obtenir une réaction de la part de personnes qui ne les aiment pas particulièrement, ou du moins n'apprécient pas le contact d'une langue humide sur le visage et sur les mains.

Ces problèmes peuvent être résolus grâce à quelques exercices. Le dressage permet de mettre un frein aux débordements des chiens et de leur apprendre « les bonnes manières » – de notre point de vue, cela va sans dire !

**Propos recueillis auprès de propriétaires de chiens non ou mal dressés**

- Mon chien est assez obéissant à la maison.
- Pendant la promenade, il se comporte bien tant qu'il n'a pas aperçu l'un de ses congénères ou une personne.
- Il adore les gens, mais a tendance à les importuner.
- Il ne tire sur sa laisse qu'en début de promenade.
- Il devient complètement fou quand je tente de l'attacher.
- Il vient toujours lorsque son repas est prêt.
- Il finit toujours par revenir quand on l'appelle.
- Il ne tire pas forcément sur sa laisse sur le chemin du retour.
- Il ne saute sur les gens que la première fois qu'il les rencontre.

Tous ces propos ont en commun d'excuser l'attitude dérangeante d'un chien et le fait qu'il n'obéisse pas. Nous avons du mal à admettre nos échecs et préférons essayer de trouver des circonstances atténuantes à son comportement. Mais il faut bien admettre que ce dernier résulte de ce que nous lui avons ou non appris, quelles que soient nos bonnes intentions. Les chiens, eux, n'ont aucune conscience de ce que leurs actions puissent être mauvaises. Le programme de dressage proposé dans cet ouvrage vous permettra de vous passer de ce type d'excuses et de jouir sans arrière-pensées de la présence d'un chien obéissant à vos côtés.

CHAPITRE I

# Techniques de dressage

# Qu'est-ce que le dressage ?

- Donner au chien les moyens de partager notre vie.
- Modifier son comportement, mais pas forcément son caractère.
- L'éducation commence dès l'enfance.

Les chiens agressifs vis-à-vis des autres chiens ou des personnes posent de gros problèmes. Seul un dressage les rendant suffisamment obéissants vous permettra de mieux contrôler la situation.

Dresser un chien ne signifie pas la même chose pour tout le monde. Certains pensent qu'il s'agit seulement d'attendre le bon moment pour amener un chiot dans un club qui se chargera de son éducation, moyennant environ huit semaines de cours. D'autres, notamment ceux qui ont déjà eu des chiens et ont tiré parti de leur expérience, entendent prendre les choses en main. Le terme de *dressage* donne ainsi lieu à diverses interprétations et la variété des méthodes désoriente souvent les personnes désireuses d'éduquer leur chien. Ajoutons à cela que les chiens n'acceptent pas forcément toujours de marcher au pied en décrivant des cercles dans un club de dressage. Tout comme les humains, il faut les motiver pour maintenir leur attention en éveil. J'ai dressé des milliers de chiens depuis leur plus jeune âge, et cela m'a appris beaucoup de choses sur la psychologie de ces animaux, sur les méthodes d'éducation et les attentes des maîtres. Je me suis occupé de plus de trois mille chiens dans des parcs et des lieux publics comportant de nombreuses sources de distraction. Je comprends donc parfaitement les personnes qui éprouvent des difficultés à maîtriser ou à éduquer leur chien dans ce genre d'endroits. En m'appuyant sur mon expérience, je vous donnerai des conseils efficaces pour faire obéir votre chien. Ils seront pragmatiques, car fondés sur la réalité.

Un dresseur calme, ayant de l'autorité, saura attirer l'attention de son chien.

## Influence du dressage sur le comportement

Certains chiens sont agressifs, s'en prenant parfois aux personnes, à d'autres chiens, ou bien aux deux à la fois, ce qui peut entraîner des situations très complexes et susciter l'angoisse de leurs propriétaires. Il faut savoir qu'un chien agressif qui a été bien dressé et obéit pourra toujours être maîtrisé par son maître. Cela ne veut pas dire qu'il va se mettre à aimer toutes les personnes ou tous les chiens qu'il croise, mais qu'il ne les attaquera pas ; il répondra à l'appel de son maître, s'assiéra, se couchera et ne bougera plus quand l'ordre lui en sera donné. Il est toujours plus facile de contrôler un chien obéissant.

Les cours de dressage peuvent avoir des effets bénéfiques sur les chiens qui ont des phobies, sont anxieux, courent après les joggeurs ou sont simplement trop turbulents. Un chien anxieux aura davantage tendance à obéir à un maître qui le domine (vous ou le dresseur). Votre calme et votre autorité naturelle l'inciteront à s'intéresser à vous et à ce que vous lui demandez plutôt qu'à la cause de leur nervosité. Les chiens de ce type ont également besoin de suivre des cours spéciaux destinés à les apaiser, mais sachez que plus ils seront obéissants, plus ils seront faciles à maîtriser. Bien entendu, un chien qui montre un instinct de prédateur et a des prédispositions pour la chasse devra être rééduqué. Mais s'il répond à l'appel de son maître, le problème sera plus ou moins résolu à court terme. Ensuite, vous pourrez vous soucier de modifier son comportement afin qu'il n'ait plus envie de poursuivre les moutons, les joggeurs, les facteurs ou d'autres êtres vivants.

## Les bonnes manières

À l'instar des enfants bien élevés, les chiens bien dressés sont mieux acceptés que les autres. N'oublions pas que si nous sommes des millions à adorer les chiens, d'autres gens ne les aiment pas. D'où l'importance de donner une bonne éducation à votre chien. Malheureusement, la nature humaine est telle que, d'après mon expérience, peu de propriétaires manifestent la volonté de dresser leur chien dans un but préventif. La plupart se contentent d'acheter des manuels ou des cassettes vidéo lorsqu'ils se heurtent à un problème. Cela revient un peu à attendre la première panne pour s'occuper de l'entretien de son véhicule. Bien sûr, un chien est un animal doté d'intelligence et qui réfléchit par lui-même. Tandis qu'une voiture tombera en panne parce qu'elle a été mal entretenue, le chien adoptera une certaine ligne de conduite s'il ne sait pas ce que vous attendez de lui. Mais c'est son comportement qu'il s'agit de modifier. Voilà pourquoi le présent livre se concentre avant tout sur les solutions et inclut de nombreuses méthodes de dressage qui vous aideront à éduquer votre chien avec succès.

Les chiens bien dressés sont les plus appréciés en société, car leur comportement ne pose pas de problèmes.

Mieux vaut commencer à éduquer un chien lorsqu'il est petit car il est plus impressionnable. Je vous recommande d'essayer de le faire obéir dès son arrivée chez vous.

# Méthodes de dressage

- L'instinct du chien face à la volonté du maître.
- Un chien n'est jamais « obéissant mais distrait ».
- Bien dressé, un chien obéit à vos ordres dans toutes les situations.

## Quels défis vous attendent ?

Vous aurez un certain nombre de défis à relever. D'abord, face à la multitude d'avis des dresseurs spécialisés, vous devrez trancher et choisir la méthode de dressage la plus appropriée. Ce livre a pour objet de dissiper vos doutes et de vous donner des conseils clairs pour dresser votre chien en 21 jours. Les exercices pratiques qui y sont expliqués constituent la base du programme. Ils aideront votre chien à devenir un animal de compagnie parfaitement éduqué.

Certains dresseurs vantent leurs services à grands renforts de publicité. Ils affirment volontiers mettre en œuvre des idées nouvelles, alors que les principes de base du dressage n'ont pas changé depuis que les chiens ont été domestiqués. La seule nouveauté réside dans le langage auquel ces dresseurs ont recours pour faire la promotion de leurs méthodes. Ils cherchent en permanence à entourer leur travail d'une aura de mysticisme, mettant l'accent sur la relation particulière qu'ils entretiennent avec les chiens et qu'ils promettent de vous faire partager. Il s'agit de publicité frauduleuse. Mes compétences n'ont rien d'extraordinaire ; elles ne sont pas le fruit de dons naturels, mais de ma passion pour les chiens et de mes connaissances. Le vieil adage selon lequel « c'est en forgeant qu'on devient forgeron » vaut aussi pour le dressage des chiens. Ce dernier n'est en rien compliqué ou mystérieux. Il faut simplement apprendre de nouvelles règles du jeu et désirer avoir de bonnes relations avec votre chien.

## Méthodes de dressage

Plus douces que par le passé, elles se sont bien sûr améliorées au fil des ans, pour le plus grand

### TRUCS DE DRESSAGE

**1**
Beaucoup de chiens ont un penchant naturel pour la chasse, que vous pouvez utiliser au cours des séances de dressage.

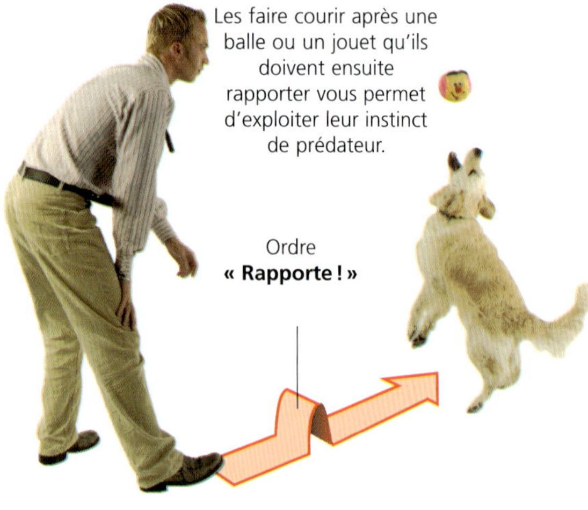


**2**
Les faire courir après une balle ou un jouet qu'ils doivent ensuite rapporter vous permet d'exploiter leur instinct de prédateur.

bien du chien mais aussi de son maître. Nous utilisons le comportement instinctif des chiens afin de l'intégrer à des activités éducatives. Par exemple, si votre chien aime chasser, il suffit de remplacer sa proie par une balle et de lui apprendre à la poursuivre, l'attraper et la rapporter. De cette façon, son penchant pour la chasse sera en partie satisfait et, petit à petit, cette balle deviendra pour lui un objet de convoitise. Il la considérera comme une récompense dont vous vous servirez pour lui apprendre à s'asseoir, à se mettre debout, à se coucher et à ne pas bouger. Elle peut même se révéler d'une grande aide lors des exercices de rappel. Cette méthode marche souvent, mais pas toujours. C'est la raison pour laquelle vous en trouverez toute une gamme dans ce livre : en cas d'échec, vous pourrez toujours en choisir une autre.

D'un point de vue pratique, les bergers utilisent depuis des siècles cet instinct de prédateur chez leurs chiens. La seule différence réside dans le fait que les gardiens de troupeaux ramènent toujours la brebis égarée en vie et n'en font pas leur repas. Dans ce cas, le dressage détourne de son objet le comportement instinctif du chien afin de transformer ce dernier en gardien.

## Qu'est-ce qu'un chien bien dressé ?

Cette question est très controversée. Les avis diffèrent tout autant que les races de chiens. Beaucoup de personnes prétendent que leur chien est obéissant, mais qu'il ne revient pas quand il est distrait par quelque chose comme la présence d'autres chiens, d'écureuils ou toutes sortes d'odeurs fascinantes. Peut-on dire que leur chien est dressé ? Il connaît manifestement la signification de l'ordre « Viens ici ! », comme il le prouve dans une salle de consultation. Par conséquent, il obéit uniquement s'il n'a rien de plus intéressant à faire ou s'il s'est suffisamment amusé et se sent fatigué. Il va sans dire qu'il ne peut être considéré comme bien dressé.

Très peu de gens ont besoin de faire revenir leur chien vers eux, sauf s'il importune d'autres chiens, des promeneurs, ou se dirige vers une route dangereuse par son trafic intense. Les chiens qui ne viennent que de leur plein gré, et non lorsqu'ils en ont reçu l'ordre, n'ont pas appris à obéir. Certes, ils s'amusent beaucoup à faire tout ce qu'ils veulent, mais, une fois qu'ils auront été dressés, ils s'amuseront autant que par le passé, tout en faisant ce que vous exigez.

**3**
En répétant plusieurs fois ce jeu, le chien se met à apprécier le jouet, qu'il associe dès lors à l'excitation de la chasse et au plaisir d'entendre son maître le flatter et le caresser quand il le rapporte.

**4**
Le jouet favori peut maintenant servir de récompense lorsque le chien s'est assis, s'est mis debout ou a marché au pied correctement.

# La prise en charge

- L'instinct ne doit pas devenir source de conflits.
- Un langage simple, toujours le même.
- Avec les enfants, entente ou rivalité ?

## Faut-il dresser les chiens ?

À cette question, la plupart d'entre vous répondront « oui ». Cependant, un grand nombre de personnes, trop d'ailleurs, ne veulent pas se donner cette peine ou n'en voient pas l'intérêt. Les chiens sont, bien sûr, tous très différents, et leurs comportements varient en fonction de leur race. Les colleys montrent ainsi une prédisposition pour la chasse, les terriers ont la réputation d'être bagarreurs et irascibles, les épagneuls sont capables de suivre une piste en s'aidant de leur flair, etc. Compte tenu de la diversité de ces caractéristiques innées, certains propriétaires qui ne font pas grand-chose pour éduquer leurs chiens ne rencontrent cependant pas beaucoup de problèmes avec eux, exactement comme certains parents qui n'ont aucune difficulté pour élever leurs enfants. En fait, leurs chiens se conduisent bien, naturellement, sans qu'il soit nécessaire de les contraindre à quoi que ce soit. À l'inverse, des propriétaires qui adhèrent à toutes les règles énoncées dans ce livre sur les soins à apporter au chiot et au développement de son tempérament ont des difficultés à se faire obéir.

Le chien est mû par des instincts très forts, qui peuvent générer des conflits. Pendant de nombreuses années, l'un de mes clients a eu des chiens de même race, ou de races similaires, qui provenaient tous du même éleveur. Il a plus ou moins utilisé les mêmes principes d'éducation, mais a obtenu des résultats très différents. En effet, la chance, visiblement, a également son mot à dire. Par conséquent, si, malgré tous vos efforts, votre chien demeure récalcitrant, ne prenez pas cela pour un échec. Ce livre vous aidera dans un premier temps à asseoir votre autorité, puis à devenir un bon dresseur et enfin à avoir de bons rapports avec votre chien.

Le programme qui suit est censé vous permettre de montrer à votre chien que vous êtes le seul maître à bord et de lui enseigner l'obéissance au

Assurez-vous que vos enfants savent ce qui est interdit et permis de faire pour éduquer un chien, de façon à ne pas désorienter celui que vous tentez de dresser.

moyen d'un langage qu'il comprendra. Il est important sur le plan psychologique que vous dominiez votre chien avant de commencer à le dresser. Tout cela est expliqué avec force détails dans le chapitre suivant.

## Les chiens et les enfants

Dresser son chien a une importance d'autant plus capitale que votre famille compte des enfants. En effet, c'est sur leur demande qu'un grand nombre de chiens sont achetés chaque année. Ils contribuent à faire comprendre le monde animal aux plus petits.

Si vos enfants se montrent intéressés, faites-les participer à l'éducation de votre chien. Mais dans un premier temps, il est préférable qu'un adulte s'occupe de ce dernier, afin qu'il obéisse déjà un peu.

Lorsqu'ils sont éduqués correctement, selon les méthodes que je propose dans ce livre, les chiens s'entendent à merveille avec les enfants. L'idée que tous les chiens aiment les enfants relève toutefois du mythe. Un grand nombre n'apprécient guère les bambins, surtout si eux-mêmes vivent depuis longtemps dans la maison. Le comportement parfois imprévisible des jeunes enfants peut leur faire peur. Il est donc impératif de choisir un chien qui convient à l'âge de vos enfants. Apprenez-lui à obéir afin de mieux le contrôler, mais surveillez également vos enfants.

Une fois que ceux-ci ont compris ce qui est permis et interdit de faire avec un chien, vous pouvez les laisser participer à son éducation. Mieux vaut bien sûr commencer à dresser un peu votre chien avant de permettre à vos enfants de lui donner des ordres, et seulement quelques-uns à la fois. Ces ordres risquent de manquer de cohérence, mais des enfants un peu grands saisissent vite comment il faut s'y prendre. Ils ont plaisir à faire obéir leur chien et à exercer leur contrôle sur lui. Lorsqu'ils ont plus de dix ans, autorisez-les à le promener, mais n'oubliez pas qu'ils doivent avoir assez de force pour le retenir en cas de panique. Par conséquent, avant de décider s'ils peuvent sortir le chien en toute sécurité, prenez en considération les tailles relatives de l'enfant et du chien. Et même si votre chien est bien dressé, soyez prudent(e).

Les chiens et les enfants s'entendent en général très bien. Cependant méfiez-vous, les chiens n'apprécient pas toujours les enfants.

CHAPITRE 2

# Les principes du programme

# Dominer son chien

- Soit vous dominez votre chien, soit c'est lui qui vous domine.
- Ce n'est pas parce qu'il est gros qu'il a le droit de vous bousculer.
- Instaurer des limites claires facilite le travail de dressage.
- L'affection doit être manifestée au moment opportun.

Nous traitons souvent les chiens comme des êtres humains. Libre à chacun de trouver cela ridicule ou s'extasier, au contraire, devant de tels rapports. Vous avez parfaitement le droit d'être aux petits soins pour votre chien, mais cela risque d'avoir des conséquences négatives si vous oubliez qu'il s'agit avant tout d'un animal. Les chiens trop gâtés par leur maître finissent par ne plus savoir quelle position ils occupent au sein de leur famille d'adoption. De ce fait, ils deviennent plus difficiles à dresser. D'accord, il est naturel d'être plein d'affection à l'égard d'un membre de sa famille, même si ce dernier a quatre pattes et remue la queue. Cependant, sachez qu'un chien que vous désirez éduquer pour qu'il puisse s'adapter à votre environnement, et pour qu'il vous obéisse, aura un comportement dicté avant tout par l'instinct. Le fait de le dorloter et de l'entourer de tous les soins rend son dressage plus ardu. Comme l'affirme le dicton, « traitez un chien comme un homme et il vous traitera comme un chien ».

## Un loup dans votre maison

Le chien (indépendamment de sa race) descend du loup, dont il a hérité certains modes de comportement. Ceux-ci se sont bien entendu modifiés lorsqu'il a été domestiqué. Le système hiérarchique et les lois qui prévalent au sein de la meute sont très clairs pour lui. Il faut donc impérativement s'inspirer des rapports de domination et de soumission qui existent chez les loups pour l'éduquer. J'insiste sur la nécessité de se fonder sur la psychologie et sur la répétition des exercices si l'on veut parvenir à des résultats probants. J'ai déjà évoqué la question des comportements instinctifs. Il est possible d'influer sur eux pour montrer à votre chien la place qu'il occupe dans votre foyer, ou du moins lui apprendre qu'il vous doit du respect parce que vous êtes le chef, comme il en doit aux autres membres de la famille, qui ont un rang plus élevé que le sien.

Même si le vôtre vous paraît assez soumis, sachez que la plupart des chiens excellent à nous manipuler pour arriver à leurs fins. En général, nous ne remarquons pas leur tendance à vouloir s'imposer. Ils peuvent tout simplement essayer d'entrer dans une pièce avant nous ou nous donner un petit coup de patte, à première vue inoffensif, pour attirer notre attention. Ces comportements de domination et de sollicitation semblent bien anodins, mais cumulés à d'autres, ils contribuent à accorder à votre chien une place plus importante qu'elle ne devrait l'être au sein de votre famille. Il est possible dans ce cas de qualifier son comportement de « dominant », terme qui ne signifie nullement une quelconque agressivité de sa part.

Ainsi, les labradors et les boxers ont souvent beaucoup d'ascendant sur leur maître. En général, nous mettons cela sur le compte de leur grande taille et de leur habitude de devoir bousculer pour se frayer un passage. Pour nous simplifier la vie, nous tolérons ce comportement, nous contentant d'essayer d'avancer même si notre chien nous pousse en cherchant à être le premier arrivé à la porte. Les petits chiens, eux, ont recours à des tactiques astucieuses pour attirer notre attention. Ils se débrouillent, notamment, pour que nous les prenions dans nos bras. Ils ne se servent pas de leur taille et de leur poids pour exercer un pouvoir de domination, mais sont très malins à leur façon. En fait, au bout d'un certain temps, ces chiens endossent le rôle de chef que beaucoup d'entre nous, involontairement, ne se donnent pas la peine d'assumer. Ce n'est pas qu'ils soient mauvais : ils font ce que leur instinct leur dicte, car ils vivent au milieu de personnes qui ne réagissent pas ou de manière vague à leur comportement offensif. De deux choses l'une : soit vous dominez votre chien, soit c'est lui qui vous domine. Vous devez vous faire respecter par lui et le traiter de façon à ce qu'il se sente bien à sa place, c'est-à-dire à l'échelon le plus bas. Contrairement à ce que l'on pense, lorsque vous êtes en colère, votre chien comprend simplement que vous pouvez hurler et vous irriter, mais ne sait pas nécessairement pourquoi.

## Comment le comportement du maître affecte-t-il le dressage ?

Un chien qui ne voit pas en vous un chef a tendance à ne pas écouter vos ordres lorsque ces derniers sont en opposition avec son activité du moment. Il sera de ce fait plus difficile à dresser et risquera davantage d'entrer en conflit avec vous ou ceux qui l'entourent.

Même s'il ne semble pas chercher à se hisser trop haut dans la hiérarchie de votre foyer, mieux vaut lui montrer que vous êtes le maître à bord. Ainsi, vos rapports seront moins ambigus et vous parviendrez mieux à vous faire obéir. Par conséquent, instaurez des limites claires. Cela aidera votre chien à être attentif et à assimiler vos ordres. Si vous réussissez à appliquer les conseils qui vous sont donnés dans ce chapitre afin d'asseoir pleinement votre autorité, le dressage de votre chien ira beaucoup plus vite que prévu.

Pour cela, il est essentiel de flatter et de caresser ce dernier, ainsi que d'être affectueux avec lui non lorsqu'il vous le demande, mais lorsqu'il exécute correctement un ordre. Il s'agit de l'entraîner à obéir. Vous lui accorderez votre attention et votre tendresse à un moment précis. Vous devrez également stopper ou ignorer les actions qu'il fait pour repousser l'exécution d'un ordre, ou tout comportement qui lui suggérerait qu'il occupe une position élevée dans votre maison.

Pour montrer à votre chien que c'est vous le chef, vous ne devrez le caresser et vous intéresser à lui uniquement qu'au moment où vous le jugerez bon.

# La maison

- La chambre des patrons n'est pas celle de leur chien.
- Finies les caresses gratuites !
- Laissez-lui un fauteuil, il voudra bientôt votre lit...

## Le plan de la maison

Pour bien asseoir votre domination, vous devez entreprendre des actions qui remettent votre chien à sa place et prouvent clairement votre supériorité hiérarchique. Intéressons-nous, dans un premier temps, à l'organisation de votre maison...

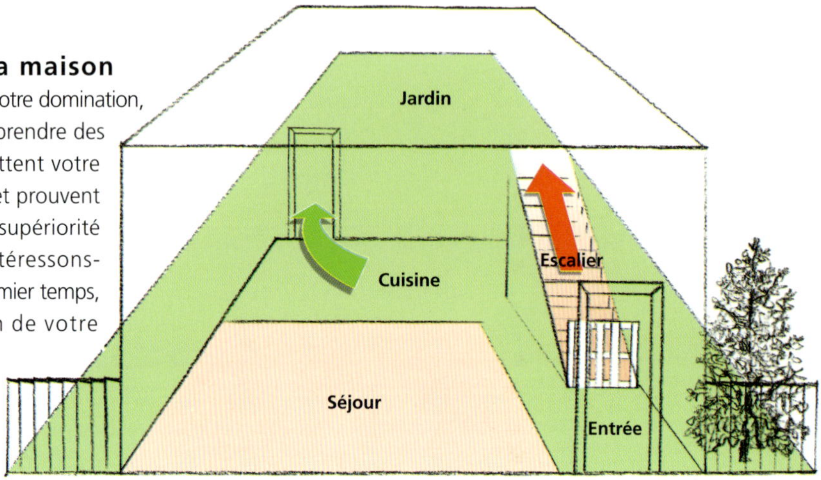


Contrôlez votre espace de vie et établissez des règles claires interdisant ou autorisant l'accès de telle ou telle pièce à votre chien.

Vous y passez en effet beaucoup de temps en compagnie de votre chien. Certains d'entre vous ont d'ores et déjà déterminé des lieux où il a le droit ou non d'entrer. D'autres laissent déambuler leur chien partout à sa guise. Dans certains cas, il est autorisé à dormir dans la chambre de son maître ; dans d'autres, il a un coin qui lui est réservé dans l'entrée, dans la cuisine, ou dans une pièce similaire. Je ne me permettrai en aucun cas de porter un jugement de valeur sur vos désirs personnels, mais je me dois de vous avertir que, pour donner une bonne éducation à votre chien, vous devez le traiter comme tel et veiller à être le seul maître chez vous. Une fois que votre chien aura compris ces nouvelles règles, il deviendra plus calme et plus obéissant.

*N.B.* Mieux vaut mettre en œuvre les conseils qui suivent une à deux semaines avant d'entamer le programme de dressage en 21 jours.

## La chambre

Ce lieu attire beaucoup les chiens parce qu'ils y passent du temps aux côtés de leur maître. Ce privilège a pour effet de les élever à un rang hiérarchique plus élevé que celui qui devrait être le leur. Votre chambre est la pièce où vous dormez et où votre odeur prédomine. Vous constaterez que les chiens préfèrent dormir dans la chambre des parents plutôt que dans celle des enfants. Certaines personnes placent une corbeille dans leur chambre, mais pour le chien c'est surtout la présence du maître qui importe. Par conséquent, si votre chien dort dans votre chambre, ne l'y autorisez plus dès maintenant afin de lui montrer que vous êtes bien le chef.

Ne le laissez pas non plus dormir sur un palier ou dans l'escalier. Pour qu'il comprenne bien qu'il ne doit pas s'installer à certains endroits, fixez une petite barrière de protection pour enfants. Ainsi, vous n'aurez pas besoin de répéter sans fin les mêmes ordres pour lui interdire l'accès des lieux où il était autorisé à aller auparavant. Comme toutes les règles qui vont suivre, celle-ci désarçonnera votre chien car, jusque-là, il avait bénéficié d'un privilège, mais il faudra bien en passer par là. Sachez qu'il s'habituera rapidement à sa nouvelle situation et aura un meilleur comportement.

## Le salon

Si votre chien est admis dans le salon ou la pièce principale de votre maison, limitez-lui désormais son accès. En lui interdisant d'y entrer pendant la majeure partie du temps où vous vous y trouvez, vous lui ferez comprendre que son statut est inférieur au vôtre. Faites-le entrer de temps à autre mais seulement après l'avoir appelé. Jouez avec lui à la balle, puis, à la fin, rangez-la dans une boîte, sous ses yeux. Après cela seulement, appelez-le pour le caresser. Bien sûr, il ne s'agira plus de caresses gratuites, mais d'une récompense pour avoir obéi. Dites-lui de s'asseoir ou de se coucher, et flattez-le s'il s'exécute. Mais attention ! Ne le caressez ni trop longtemps ni avec trop d'enthousiasme. Restez calme. Au bout d'environ une demi-heure, faites-le sortir et regagner sa place habituelle dans la cuisine, l'entrée ou le jardin.

Si vous l'attachez, comme cela vous est suggéré pages 40 et 41, parce qu'il se montre turbulent, essayez d'avoir,dans les différentes pièces de la maison, des endroits où accrocher sa laisse afin de ne pas rencontrer de problèmes pratiques.

## Les fauteuils confortables

Les chiens dominants, comme leurs congénères sauvages, aiment s'installer en hauteur, surtout lorsque ces places sont réservées à leur maître. Dans une maison, leurs lieux de prédilection seront donc le lit, les fauteuils confortables du séjour et même, dans le cas des petits chiens, vos genoux. Certaines personnes prévoient un vieux fauteuil pour leur chien afin qu'il n'abîme pas leur mobilier. Dites « non » à tout cela. Les chiens qui ont de tels privilèges, et disposent notamment d'un fauteuil attitré, prétendent souvent à un statut plus élevé que celui qui leur revient. Cela modifie donc le rapport de dominant à dominé. En effet, si les chiens aiment prendre de la hauteur, c'est pour mieux surveiller leur territoire. Laissez-les s'installer dans des fauteuils, ils penseront qu'ils peuvent avoir accès à la pièce principale quand ils en ont envie, au lieu d'attendre d'avoir été invités à partager ce privilège. Par conséquent, interdisez ces places à votre chien et apprenez-lui à en descendre. Vous êtes le chef, il doit aller uniquement dans les lieux où vous le permettez.

Un chien cherche souvent à occuper la chaise préférée de son maître pour affirmer son statut au sein de la maisonnée.

**« DESCENDS ! »**

Les choses doivent changer… Ordonnez à votre chien de descendre de votre siège et ne lui permettez plus de remonter dessus. Cela lui fera comprendre que vous êtes bien le seul chef.

# Droits de passage

- Un chien doit céder le passage ;
- manger après son maître ;
- et ne disposer de ses jouets que lorsque son maître le lui permet.

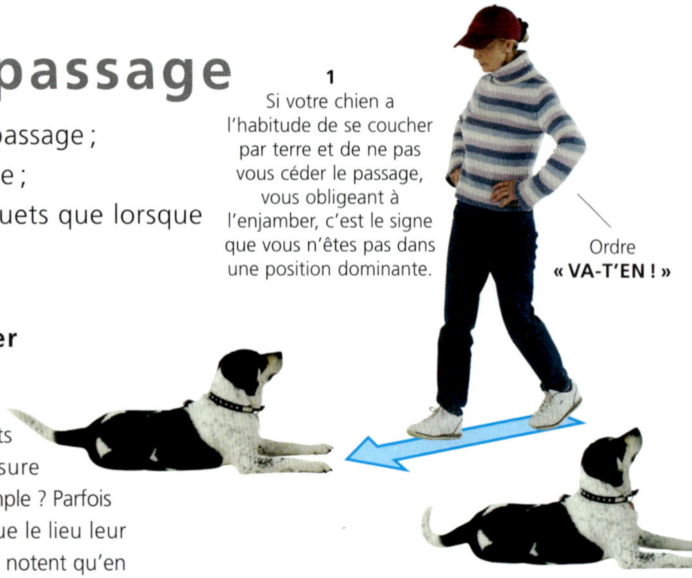

1
Si votre chien a l'habitude de se coucher par terre et de ne pas vous céder le passage, vous obligeant à l'enjamber, c'est le signe que vous n'êtes pas dans une position dominante.

Ordre
**« VA-T'EN ! »**

## Ne le laissez pas bloquer le passage

Avez-vous remarqué que les chiens aiment souvent dormir aux endroits les plus gênants : dans l'embrasure d'une porte ou un couloir, par exemple ? Parfois ils font cela simplement parce que le lieu leur paraît confortable, mais beaucoup notent qu'en maîtres affectueux, nous prenons soin de les contourner et marchons sur la pointe des pieds pour ne pas les réveiller. Même quand nous leur ordonnons de partir, il n'est pas rare qu'ils résistent ou nous ignorent totalement. À la longue, ils trouvent normal de se coucher à cet endroit. Vous devez impérativement mettre un terme à ce genre d'attitude. Votre chien sait instinctivement que celui qui le domine peut le chasser. Par conséquent, lorsque vous marchez dans votre maison, exigez qu'il vous cède le passage. S'il ne bouge pas lorsque vous lui en intimez l'ordre, avancez vers lui en traînant les pieds ; il devrait partir dès que vous l'effleurez. Passez alors devant lui sans vous arrêter. S'il s'obstine à rester, poussez devant vous un aspirateur ou un balai ; il comprendra le message. Il réalisera vite qu'il doit s'effacer quand un membre de la famille veut passer devant lui et apprendra également à ne pas s'allonger dans certains endroits. Ainsi, vous lui aurez inculqué les bonnes manières tout en lui faisant comprendre clairement que vous êtes le chef.

## Les embrasures de porte et les portails

De nombreux chiens aiment se faufiler devant vous dans l'embrasure d'une porte ou d'un portail. Leurs maîtres s'habituent à tel point à ce comportement que certains attendent même que le chien passe devant eux. Ainsi évitent-ils de se faire bousculer par leur cabot tout excité. Les petits chiens sortent et rentrent à toute vitesse devant vous. Si le vôtre agit de cette façon, faites-le cesser. Pourquoi ? Parce que vous êtes le maître et devez donc passer avant lui. Même dans notre société, il est d'usage de s'effacer devant un supérieur. Chez les chiens, le chef est toujours en tête. Les loups trottent souvent en file indienne en fonction de leur place dans la meute.

Si votre chien essaie de vous dépasser, claquez rapidement la porte pour l'en empêcher. Puis entrebâillez-la et glissez-vous le premier dans l'embrasure avant de l'appeler. S'il tente de se faufiler avant vous, claquez de nouveau la porte. Veillez bien sûr à ce que celle-ci ne se referme pas brutalement sur lui. Le bruit devrait suffire à l'arrêter net. Répétez l'opération autant de fois que nécessaire. Si votre chien est particulièrement grand ou déterminé à passer le premier, vous pouvez utiliser une laisse pour le maîtriser et demander à un membre de votre famille de vous seconder. Cet exercice prend beaucoup de temps au départ, mais, au bout d'environ une semaine, votre chien se montrera plus obéissant et moins turbulent.

**« LAISSE-MOI PASSER ! »**

**2**
Marchez droit sur lui, la tête haute. (Vous devez lui montrer qui commande.) N'essayez pas de l'enjamber ou de le contourner.

**3**
Ordonnez-lui de partir. Si cela ne fonctionne pas, avancez vers lui en traînant les deux pieds.

Ordre
**« VA-T'EN ! »**

**4**
Il s'en ira quand il sentira vos pieds l'effleurer. Ne vous arrêtez pas pour le complimenter, passez devant lui comme si de rien n'était.

## Nourrir son chien

Essayez de faire manger votre chien seulement après avoir vous-même pris votre repas principal. Ayant un odorat très fin, il sentira tout de suite qu'un repas est en train de se préparer. Il ne doit cependant pas escompter le moindre morceau. Le chef de meute est toujours le premier à manger. Attendez qu'au moins trente minutes se soient écoulées depuis la fin de votre repas pour faire manger votre chien. Comme il n'est pas herbivore et n'a donc pas besoin de se nourrir plusieurs fois dans la journée, apprenez-lui à s'asseoir et à attendre. Il doit en outre manger uniquement lorsque vous lui en aurez donné l'ordre. Dites-lui simplement : « C'est ton tour » ou « Mange ! ».

## Bons morceaux, friandises et aliments

Ne laissez pas votre chien mendier et chaparder de la nourriture quand vous êtes à table. Il est même préférable de ne pas l'autoriser à s'approcher de la pièce où vous mangez. Il comprendra ainsi non seulement que ce sont les chefs qui mangent en premier, mais aussi qu'il n'est pas admis à leurs côtés durant cette activité. Ce sera un signal olfactif et visuel très significatif pour lui.

Comme nous utilisons énormément les primes gourmandes en cours de dressage, ne lui offrez pas de friandises lorsque cela n'est pas nécessaire, sinon votre tâche n'en deviendra que plus compliquée et votre chien sera, lui, moins motivé.

## Jouets et ballons

Comme pour la nourriture, mieux vaut ne pas donner de jouets à votre chien, surtout si vous comptez vous en servir pour lui apprendre à obéir. Ces objets perdront de leur attrait pendant le dressage s'il peut jouer avec eux à tout moment. Trouvez celui qu'il préfère et utilisez-le comme récompense. Mettez les autres sous clé. La possession d'un objet est très importante pour le chien. Si vous gardez les jouets et décidez seul(e) du moment et de la façon dont ils peuvent être employés, votre chien saura que vous le dominez.

Ignorez ses regards implorants et enfermez tous ses jouets pendant le temps nécessaire. Lors du dressage, son envie de jouer aide à le motiver.

# Pas de récompenses gratuites

- Les marques d'affections doivent signifier la satisfaction du maître.
- Une récompense, cela se mérite !
- Ne pas laisser un chien s'installer sur une table ou sur un lit relève de simples raisons d'hygiène.

Les chiens adorent que l'on soit aux petits soins avec eux. Vous pouvez donc utiliser cela pour les éduquer.

## Caresses et câlins

Il est extrêmement difficile de donner des conseils dans ce domaine. Je vous suggère cependant de ne pas câliner votre chien sans raison ou, comme c'est souvent le cas, lorsqu'il vous le demande. Cette idée peut sembler intolérable à beaucoup de gens. À quoi bon posséder un chien si vous ne pouvez le caresser et profiter de sa compagnie ? En fait, vous devez simplement patienter un peu avant de recommencer à le choyer pour votre plus grand plaisir. Cela vous permettra de le dresser plus facilement. Vos relations n'en deviendront en outre que meilleures.

Les chiens aiment les marques d'affection et les caresses. Comme nous, ils sont très sensibles au toucher. C'est d'ailleurs leur désir naturel de proximité qui est exploité dans tous les exercices de ce livre. Si vous faites exécuter ces derniers trois fois par jour, comme je le conseille, en les associant à des jeux et des promenades, votre chien recevra beaucoup d'attention, de caresses et de câlins, mais dans un but purement éducatif. Certaines personnes disent souffrir plus que leur chien en appliquant ces principes. C'est très possible. Les chiens réalisent vite que vos marques d'affection signifient une sorte de récompense. Ils s'adaptent facilement à ces nouvelles règles et ne vous détestent pas pour autant car ils ne sont pas rancuniers comme nous. Nous nous sentons mal uniquement parce que nous avons l'impression d'être coupables vis-à-vis d'eux. Or, les chiens, eux, n'ont pas le sens de la culpabilité.

## Indifférence

Quoi de plus naturel, quand des personnes se détendent dans une pièce, que de voir les chiens s'approcher d'elles pour demander de l'attention ou des caresses ? De nombreux chiens, en particulier les plus petits, ont une technique bien rodée et passent la moitié de la nuit confortablement installés sur les genoux de leur maître, obtenant toutes les faveurs dues à un empereur romain. Très intelligents, ils ont réussi à se hisser très haut dans la hiérarchie de la maisonnée. Certes, vous aimez caresser votre chien, mais si vous voulez le dresser facilement, ne cédez pas à tous ses désirs.

Ne le laissez plus se coucher sur vos genoux, ne lui prodiguez plus de caresses et ne lui témoignez plus d'affection sans raisons. Si cela vous est pénible,

Il est difficile de ne pas caresser un chien qui sollicite votre attention, mais il faut apprendre à le faire. Ignorez-le !

c'est que vous suivez très bien mon conseil ! Comme je l'ai déjà dit, vous aurez l'occasion de consacrer beaucoup d'attention à votre chien plus tard, lors des exercices d'obéissance. Votre chien les appréciera beaucoup, s'il aime que vous vous occupiez de lui. Par conséquent, ne considérez pas ces nouvelles règles de jeu comme une « punition ». Il s'agit simplement d'un changement de relations qui ne durera que quelques mois. Vous devriez bien arriver à le tolérer, non ?

## Éduquer son chien et asseoir son autorité

Apprendre à votre chien l'obéissance est sûrement la meilleure façon de lui montrer que c'est bien vous le chef. Les chiens bien éduqués et traités conformément à leur condition d'animaux (et non comme des égaux) posent rarement de problèmes. En comprenant ce que vous exigez d'eux et en obéissant à tous vos ordres – et non à quelques-uns d'entre eux –, ils montrent qu'ils acceptent leur rang hiérarchique inférieur, aussi risquent-ils moins de défier votre autorité. Votre capacité à donner des ordres et l'empressement de votre chien à les exécuter limiteront les sources de conflits. Bénéfique autant pour votre chien que pour vous, cet état des choses améliorera vos relations mutuelles.

## La durée du programme

Chaque année, près de cinq cents chiens suivent ce programme d'exercices, sans compter tous ceux (des milliers) dont les maîtres

Les caresses et les gourmandises sont maintenant des récompenses lorsque votre chien est obéissant.

utilisent mes films et les conseils que je donne à la télévision. De nombreuses personnes me font part des changements positifs qu'elles constatent chez leur chien, avant même de le dresser. Il devient plus gentil et obéissant, mais aussi plus confiant et donc plus calme. On a peine à croire qu'il ait si vite pu changer et s'améliorer. Or, si ce programme donne d'aussi bons résultats, c'est parce que le langage utilisé est naturellement compris par votre chien. Vous devenez un vrai chef pour lui, car les chiens se sentent toujours plus en sécurité avec des personnes qui ont de l'autorité. Ils ont moins tendance à vous défier et, à l'instar des enfants, sont plus à l'aise lorsqu'ils savent ce qui leur est permis ou interdit.

Les récompenses doivent être méritées.

Une fois que votre chien montre le comportement souhaité, vous pouvez commencer à être moins strict(e), notamment en ce qui concerne les caresses, l'attention et l'affection à lui apporter. Vous lui aurez enseigné l'obéissance, qui est un nouveau langage, et la communication aura amélioré les rapports que vous entretenez avec lui. Les sources de conflit seront réduites et l'harmonie devrait régner. Si votre chien semble régresser, c'est peut-être le signe que vous avez lâché du lest trop tôt. Cela arrive particulièrement avec les chiens très dominateurs de toutes tailles et de toutes races. Ceux qui sont d'une nature plus effacée posent généralement moins de problèmes ; les caresses gratuites peuvent donc être réintroduites plus rapidement. Je maintiens toujours les règles ci-dessus énoncées, sauf celles ayant trait aux marques d'affection et à l'accès du salon.

# Attacher le chien

- La laisse est pour le chien ce que le parc est au jeune enfant.
- Associer le désagrément de l'attache au plaisir de manger.
- Seul un comportement calme lui vaudra d'être détaché.

## Utiliser une laisse pour maîtriser un chien difficile

Je viens donc de décrire dans les grandes lignes les problèmes posés par les chiens, qui sont par nature dominateurs. L'usage de la laisse peut se révéler très utile dans bien des cas ; c'est ce que nous allons voir maintenant.

Nombreux sont les maîtres qui se plaignent en effet de ne pouvoir maîtriser leur chien lorsqu'ils ont de la visite. Quand ils essaient de l'empêcher de sauter et de renverser leurs hôtes, le chaos s'installe. Le trajet entre la porte d'entrée et le salon peut sembler interminable aux invités qui tentent d'avancer face à un chien qui leur barre la route et bondit autour d'eux en sollicitant leur attention. Bien sûr, après quelques séances de dressage, ce genre de comportement cesse. Cependant, dans un premier temps, pour pallier ce problème, vous pouvez attacher votre chien. Il suffit de fixer un crochet métallique solide à une plaque, elle aussi métallique, que vous visserez à un mur. Comparable à un parc pour bébés sans barreaux, ce système permet de contrôler les chiens trop exubérants. Il empêche également votre chien de croire qu'il peut examiner, voire importuner chacun de vos amis ou hôtes, en abusant de leur gentillesse. Lui apprendre à aller s'installer sur sa couche ou à l'endroit qui lui est réservé est également très utile, mais, dans un premier temps, l'emploi de la laisse ne lui donne pas d'autre choix que celui d'obéir.

Munissez-vous d'un jouet comestible (c'est-à-dire d'un jouet pour chien, en caoutchouc, que vous pouvez remplir d'aliments) et d'un crochet que vous fixerez au mur ou à une plinthe. Utilisez une chaîne d'environ un mètre, que vous attacherez au collier du chien (lequel ne doit pas être un collier étrangleur). La longueur de la laisse dépendra de la taille de l'animal. Une fois par jour, glissez la poignée sur le crochet après avoir placé un peu de nourriture prélevée sur la ration quotidienne de votre chien dans le jouet en caoutchouc creux que vous lui donnerez. Ainsi, il associera le temps passé attaché au plaisir de pouvoir ronger l'objet. La plupart des chiens sont très mécontents d'être attachés. Ils protestent en aboyant et en faisant tout un cirque, mais il est préférable de les ignorer et de ne les détacher qu'une fois calmés. Le jouet comestible est très pratique, car il faut du temps pour en extraire la nourriture. En outre, les

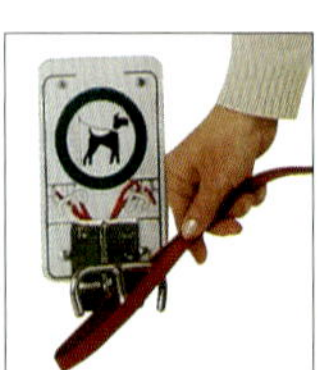

Les chiens aiment rester attachés lorsqu'ils ont un jouet rempli de nourriture à rogner.

chiens l'associent à l'usage de la laisse. Au bout d'environ une semaine, ils se dirigent généralement sans réticence vers le crochet auquels ils vont être attachés et acceptent leur situation.

Vous pouvez ainsi attacher votre chien pour des raisons de sécurité, si des ouvriers doivent venir travailler chez vous et si vous avez peur qu'il soit en permanence dans leurs jambes. Cela peut être aussi une excellente solution quand votre chien est surexcité ou lorsqu'il importune des visiteurs. Pour éviter tout débordement de sa part, attachez-le dès que la sonnette de la porte d'entrée retentit. Vous épargnerez ainsi à vos invités vos vociférations et les épanchements de votre chien. Avec le temps, cette méthode devrait se révéler très efficace. Votre compagnon à quatre pattes apprendra à aller calmement jusqu'à la porte d'entrée avec vous, qu'il soit en laisse ou en liberté, et laissera vos hôtes pénétrer dans votre maison. Vous pouvez éventuellement autoriser ces derniers à le complimenter.

**Règles à observer pour attacher votre chien**

Voici, en résumé, la marche à suivre pour remédier au problème posé par un chien dominateur qui a tendance à importuner les visiteurs :

**1** Quand on sonne à la porte, attachez votre chien.
**2** Fixez sa laisse à un crochet en glissant la poignée dessus.
**3** Si votre chien n'arrête pas d'aboyer, attachez-le dans une autre pièce et ne lui prêtez plus attention.
**4** Dites à vos hôtes de l'ignorer également. Ils ne doivent pas lui jeter un seul coup d'œil.
**5** Une fois que tout est rentré dans l'ordre, c'est-à-dire que votre chien n'aboie plus et ne gémit plus depuis environ 15 minutes, détachez-le.
**6** Votre hôte et vous-même ne devez pas lui accorder d'attention tant qu'il n'est pas allé se coucher calmement.
**7** S'il apporte des jouets et utilise d'autres stratagèmes pour attirer votre attention, ignorez-les aussi.
**8** S'il s'est bien comporté, le relâcher constituera la meilleure des récompenses, mais attendez toujours qu'il soit parfaitement calme pour cela.
**9** Si, lorsque vous vous approchez de lui pour le libérer, il se montre surexcité, laissez-le.
**10** Avec le temps, il apprendra qu'il sera récompensé et remis en liberté une fois qu'il est paisible.

Récapitulons maintenant ce que votre chien a appris au cours des divers exercices proposés :

**Comportement indésirable**

- Pas de récompense s'il se rue vers la porte d'entrée sitôt qu'il entend sonner.
- Pas de récompense s'il empêche des membres de votre famille ou des invités d'entrer chez vous.
- Pas de récompense s'il se montre trop exubérant et expansif.
- Pas de récompense s'il importune les personnes assises et réclame constamment des caresses.

**Comportement souhaité**

- Il est récompensé par un jouet rempli de nourriture lorsqu'il est attaché.
- Il est détaché uniquement lorsqu'il n'est pas surexcité.
- Il est récompensé par une caresse lorsqu'il déambule calmement autour des personnes, sans sauter.
- Il apprend que les cris et les menaces émanant de personnes irritées appartiennent au passé.
- Il apprend qu'il est récompensé lorsqu'il obéit et se comporte comme on l'attend.

Une fois que vous lui aurez fait comprendre tout cela, votre chien sera beaucoup plus réceptif lors des séances de dressage. Une atmosphère calme et paisible vous permettra de mieux communiquer avec lui. Votre chien sera ainsi prêt à apprendre d'autres choses. Tout comme le tumulte régnant dans une salle de classe cesse quand un professeur arrive à contrôler pleinement ses élèves, le calme s'instaure quand vous maîtrisez parfaitement votre chien.

CHAPITRE 3

# Apprendre l'obéissance aux chiots

# L'approche spécifique des chiots

- Huit semaines, le bon âge pour être adopté.
- Deux chiots, quatre fois plus de difficultés.
- De grâce, ne leur infligez pas d'exercices interminables !

Dans ce chapitre, vous trouverez quelques bons conseils pour rendre vos chiots plus obéissants. Vous n'aurez certes pas à être aussi rigoureux(euse) qu'avec des chiens adultes, mais devrez faire preuve de plus de patience. La partie du livre consacrée au dressage concerne également les chiots, mais vous trouverez dans les pages qui suivent des informations supplémentaires qui vous seront d'une grande aide.

Les chiots, comme les enfants, se développent plus ou moins rapidement tant sur le plan mental que physique. En outre, comme ils présentent des caractéristiques diverses en fonction de leur race, leur éducation prend plus ou moins de temps. En général, les grands chiens se développent plus lentement que les petits. Certains éleveurs laissent les chiots quitter la portée à l'âge de 6 semaines. Mais, en général, il faut attendre qu'ils aient aux alentours de 8 semaines pour pouvoir en faire l'acquisition. N'en choisissez pas un plus âgé si vous souhaitez qu'il s'adapte parfaitement à votre mode de vie. Il y a bien sûr des exceptions. Certains éleveurs familiarisent leurs chiots avec l'univers de la maison avant de les confier à un maître. Mais c'est loin d'être toujours le cas.

Ces deux chiots sont adorables, mais il est plus facile de n'en éduquer qu'un à la fois.

## Un ou deux chiots ?

Même si cela peut sembler une bonne idée, n'adoptez jamais deux chiots en même temps malgré les conseils de certains éleveurs. Vous aurez seulement plus de mal à les éduquer, non parce que vous aurez besoin de deux fois plus de temps, mais parce qu'ils formeront une petite meute et seront constamment en train de rivaliser. De ce fait, leur attention ne se portera pas sur vous en priorité. Si vous souhaitez avoir deux chiens, achetez-en d'abord un, éduquez-le, puis attendez qu'il soit adulte pour faire l'acquisition du second. Vous éduquerez plus facilement ce dernier car il aura tendance à copier les actions du chien adulte et apprendra beaucoup de choses en procédant par associations. En outre, vous aurez déjà de l'expérience et un certain savoir-faire en la matière.

## Personnalité

Si vous avez acheté un chiot qui a beaucoup de tempérament ou fait preuve d'un caractère assez dominateur, vous pouvez mettre en œuvre le programme présenté dans le chapitre précédent. Modifiez-le cependant considérablement en tenant compte de l'âge du chiot. Cela aidera certainement ce dernier à comprendre le rang qu'il occupe au sein de votre famille. Il est plus facile de poser les règles du jeu dès le départ que de tenter de changer le comportement de votre chien lorsqu'il est adulte. Personnellement, j'aime beaucoup les chiens qui savent ce qu'ils veulent ; aussi je me contente de canaliser différemment leur énergie en cours de dressage.

Les chiots peuvent apprendre à obéir en calquant leur comportement sur celui d'un chien plus âgé.

Normalement, les chiots n'ont pas de mauvaises habitudes quand ils arrivent chez vous. Ils sont simplement curieux et mus par des instincts. Vous pouvez très rapidement utiliser leur curiosité à des fins éducatives, et pour contribuer à leur équilibre et à leur bien-être. Ne croyez pas ceux qui prétendent qu'il faut attendre qu'un chien soit plus âgé pour l'éduquer. C'est totalement faux. Les chiots peuvent et doivent apprendre l'obéissance dès qu'ils franchissent le seuil de votre maison. À vous de les dresser en utilisant leur curiosité naturelle afin qu'ils acquièrent un comportement qui leur permette d'être heureux une fois adultes. Vous pouvez aussi les laisser se former seuls en faisant des essais et des erreurs, ce qui peut entraîner des situations conflictuelles.

## L'intelligence du chiot

Considérez votre chiot comme s'il s'agissait d'un enfant de 2 ans, dont toutes les actions sont innocentes. Il ne se sent en effet jamais coupable, et ne fait rien de façon préméditée. Sa conduite lui est dictée par des instincts élémentaires et par le désir de s'intégrer à sa nouvelle famille, même si celle-ci est constituée d'humains.

Certains exercices décrits dans ce livre peuvent être effectués par des chiots et sont dits « sans risque », mais les autres ne leur sont pas défendus pour autant. Dans un premier temps, il est préférable de se fonder sur une approche positive pour apprendre l'obéissance aux jeunes chiens. Cela ne signifie pas obligatoirement qu'ils ne doivent pas être punis si cela s'avère nécessaire ou que vous n'ayez pas intérêt à utiliser des disques, un pistolet à eau ou d'autres articles à but d'intimidation si les autres méthodes n'ont pas abouti. Mieux vaut prévenir que guérir.

Aucun exercice ne doit excéder 5 minutes, car les chiots ne restent pas concentrés très longtemps. Ils se laissent facilement distraire et sont incapables de rester immobiles plus de quelques secondes. Jusqu'à ce qu'ils aient environ 4 mois, essayez de leur faire comprendre ce que vous attendez d'eux, plutôt que d'exiger qu'ils exécutent parfaitement vos ordres. Cependant, il faut absolument leur interdire de se faire les dents sur vous et de mâcher n'importe quel objet, car cela peut être dangereux.

# Premiers pas

- Ruser pour habituer votre chiot à la laisse.
- Jouets sonores et friandises servent d'appâts.
- Éviter par tous les moyens qu'il ne se sente étranglé.

## Éduquer un chiot

Le plan figurant à la fin de ce chapitre est un bon indicateur de ce que vous êtes en droit d'attendre d'un chiot au bout de 21 jours de dressage. Cependant, il n'a rien d'immuable. Selon sa race, un chiot progressera plus ou moins vite. Un dresseur accommodant obtient généralement de bien meilleurs résultats qu'une personne trop rigide. Voici quelques exemples reposant sur une conception souple du dressage.

Un jouet qui fait du bruit est idéal pour apprendre à un chiot à venir quand on l'appelle. L'apprentissage prend la forme d'un jeu agréable.

Lorsqu'un chiot se trouve dans son parc ou dans une pièce donnée de la maison, nous lui présentons des jouets pour le stimuler, pour qu'il dépense son énergie et utilise son sens de la curiosité en jouant. Il vaut en effet mieux qu'il mâche un objet conçu pour cela plutôt qu'un pied de chaise de cuisine. Les jouets qui font du bruit excitent les chiots parce qu'ils rappellent les cris de certaines proies. Je me sers parfois d'un jouet que je place dans la cuisine. Lorsque je veux apprendre le rappel au chiot, je presse le jouet pour qu'il fasse du bruit en disant : « Viens ! » au même moment. Si le chiot obéit, je le félicite ou le récompense d'une friandise.

Les chiots aiment sauter pour se rapprocher du visage de leur maître. Dans la nature, les jeunes chiens utilisent cette tactique pour amener leurs aînés à régurgiter la nourriture absorbée. Utilisez donc ce mouvement naturel pour pousser le chiot à tomber assis sur son arrière-train.

Comme les chiots sont tout petits, ils sont obligés de lever les yeux pour voir notre visage. Dans la nature, la distance séparant la tête d'un chien et celle d'un chiot est relativement réduite. Le chiot cherche à se retrouver face à un chien adulte afin de solliciter la nourriture que ce dernier peut régurgiter. Malgré sa différence de taille avec son maître, le chiot va chercher la bouche de ce dernier dans l'espoir de recevoir de la nourriture. Par conséquent, lorsqu'il se précipite vers vous, essayez de placer un jouet, un aliment ou vos doigts tendus au-dessus de lui. Il aura tendance à se laisser tomber sur son arrière-train en position assise, en fixant l'appât. À ce moment, dites-lui : « Assis ! » et récompensez-le. Vous pouvez lui apprendre à se coucher par la même technique.

## Introduction de la laisse et du collier

Tout d'abord, passez le collier autour de son cou et laissez-le le porter quelques jours pour qu'il s'habitue. Au départ, il risque de le griffer car c'est une gêne. Certains chiots cependant s'y font bien tout de suite. Après quelques jours, attachez une laisse de 1 à 1,20 mètres au collier, mais ne tentez pas de promener votre chiot comme vous le feriez avec un chien adulte. Si vous essayez, il risque de paniquer dès que la laisse se tendra et freinera ses mouvements – ce qui aura pour effet de retarder le dressage et le moment où il acceptera d'être tenu en laisse.

La meilleure solution consiste à lui mettre son collier lorsque vous êtes assis(e) par terre avec lui, un sac de friandises à portée de main, rempli de petits morceaux de fromage ou de jambon. Lorsque votre chiot se précipite vers vous, offrez-lui une friandise pour le mettre à l'aise. À un certain moment, il va partir en courant et sa laisse se déroulera complètement, l'obligeant à stopper. Pour éviter qu'il ne se crispe sur cette tension soudaine, bougez votre bras de façon à ce que la laisse soit de nouveau lâche et détournez son attention en lui proposant une friandise. Il retrouvera en général très vite sa curiosité et se remettra à jouer. Un jouet peut aussi contribuer à lui faire oublier la présence de la laisse.

Ensuite, commencez à marcher dans la chambre en lui offrant des friandises ou un jouet, tout en faisant de votre mieux pour que la laisse ne soit pas tendue. Petit à petit, le chiot va s'habituer à la restriction de mouvements que celle-ci lui impose. S'il se met soudain à courir et qu'elle se tend brusquement, il peut s'affoler. C'est là une réaction naturelle. Lâchez immédiatement la laisse et laissez le chiot la traîner derrière lui. Au bout de quelques secondes, reprenez-la en main et continuez l'exercice. Chaque séance ne doit pas excéder quelques minutes. Répétez les exercices cinq à six fois par jour. Faites-les au jardin. Lorsque le chiot n'a plus peur du collier et de la laisse, essayez de vous promener avec lui dans les lieux publics et commencez à lui apprendre à marcher au pied.

Vous devez habituer votre chiot à porter un collier et à être attaché à une laisse avant de lui apprendre à s'asseoir, à ne pas bouger, et à marcher au pied. L'octroi de récompenses sous la forme de jouets et de friandises rend le chiot joyeux et attentif pendant le dressage.

Quand vous commencez à marcher dans la maison avec votre chiot en laisse, veillez à ce que celle-ci ne se tende jamais. Lâchez-la complètement si le chiot panique et se met à courir.

# Plan de dressage

- L'immobilité s'apprend à très petites doses.
- Plus que tout autre, un chiot a besoin d'être encouragé.
- Sachez limiter les exercices, car la concentration n'est pas son fort.

## « Assis ! »/« Couché ! »/« Pas bouger ! »

Pour apprendre à un chiot à s'immobiliser, le mieux est d'utiliser une laisse. Vous pouvez tirer dessus à n'importe quel moment de façon à contrôler ses mouvements. Au départ, exigez de lui qu'il reste immobile pendant 5 secondes, puis après 1 semaine ou 2, faites durer l'attente environ 30 secondes, puis de plus en plus longtemps. Ce n'est pas la durée qui importe. Il s'agit surtout d'essayer de lui faire comprendre qu'il ne doit plus bouger quand on le lui ordonne. Les chiots ont du mal à rester longtemps immobiles ; cela leur demande beaucoup de concentration. Ils ont tendance à se rouler par terre, puis à s'allonger, à se lever pour aller batifoler. Ce n'est pas vraiment de la désobéissance, ce comportement se rapproche plutôt de celui d'un enfant dont l'attention est attirée par son entourage immédiat. Il vous faut persévérer jusqu'à ce que vous obteniez quelques résultats. Essayez d'amener votre chiot à obéir au lieu de le mettre dans des situations où il sera tenté de faire des bêtises et de le blâmer ensuite.

Dans un jardin ou un parc, ne le laissez pas s'ébattre en toute liberté. Il doit apprendre qu'il est normal que vous contrôliez ses mouvements et, malgré sa jeunesse, il faut qu'il parvienne à être attentif. Bien peu de gens sont à ce point admiratifs de leur chien qu'ils le laissent sauter sur eux et le caressent tout de suite, si bien que le chien pense qu'il sera récompensé s'il bondit sur les gens. Bien sûr, les chiots sont très mignons et difficiles à ignorer, mais il faut les dresser afin qu'ils se comportent correctement une fois adultes.

Utilisez une laisse à enrouleur pour commencer à apprendre le rappel aux chiots et recourez aux mêmes méthodes que pour les chiens adultes. Incitez votre chiot à répondre en lui offrant des friandises. Dans la plupart des cas, cela suffira. Cependant, lorsqu'un chiot n'est plus tout jeune, regimbe malgré l'appât ou est trop absorbé par ce qu'il est en train de flairer, tirez légèrement sur sa laisse. Il ne s'agit pas de lui faire mal ou de le tirer en arrière. Lorsqu'il dressera la tête pour voir ce que cette secousse signifie, appelez-le rapidement d'un air enthousiaste. Les longues sangles ou les laisses à enrouleur évitent tout risque et sont donc très pratiques. En effet, les chiots peuvent se mettre à courir à la poursuite d'un autre chien dans un parc et cessent alors totalement de vous prêter attention. L'usage de la laisse n'exclut pas celui de jouets, d'aliments ou les tentatives de votre part pour attirer l'attention de votre chiot et

**« DEBOUT ! »** Attendez la troisième semaine, car cet ordre est difficile à assimiler pour un chiot.

**« ASSIS ! »** Incitez-le à tomber sur son arrière-train en attirant son attention avec une friandise.

**« COUCHÉ ! »** N'exigez pas qu'il reste immobile trop longtemps car il perd sa concentration.

l'encourager à revenir vers vous. Il s'agit seulement d'une mise en condition qui le prépare à son futur apprentissage.

Les cours de socialisation et de dressage abondent. S'ils sont bien faits, ils peuvent vous aider à habituer votre chiot à vivre en société, sinon ils peuvent le traumatiser et altérer son caractère pour de bon. Allez voir comment ils se déroulent. Si tout se passe comme il faut, le dresseur doit maîtriser les chiots les plus exubérants. Tous doivent en outre avoir l'air joyeux.

### Plan de dressage des chiots

Les chiots doivent effectuer les exercices qui suivent pendant environ 5 minutes. Répétez ces derniers trois à quatre fois par jour. Vous pouvez utiliser n'importe quelle méthode portant la mention « Sans risque pour les chiots » figurant dans la partie du livre consacrée au dressage en général.

**SEMAINE 1**

**ASSIS**
**COUCHÉ**
**AU PIED**
**ASSIS / PAS BOUGER** pendant environ 5 secondes
**COUCHÉ / PAS BOUGER** pendant environ 5 secondes
**RAPPEL** en laisse, plusieurs fois

**SEMAINE 2**

**ASSIS**
**COUCHÉ**
**AU PIED**
**ASSIS / PAS BOUGER** pendant 10 secondes
**COUCHÉ / PAS BOUGER** pendant 10 secondes
**RAPPEL** avec une laisse à enrouleur ou très longue, plusieurs fois

**SEMAINE 3**

**ASSIS**
**COUCHÉ**
**AU PIED**
**DEBOUT** (initiation)
**ASSIS / PAS BOUGER** pendant 20 secondes
**COUCHÉ / PAS BOUGER** pendant 30 secondes
**RAPPEL** sans laisse dans un jardin et dans la maison, plusieurs fois

### Dressage des chiots : ce qu'il faut et ne faut pas faire

**CE QU'IL FAUT FAIRE**

- Dresser les chiots lorsqu'ils viennent juste de se réveiller.
- Leur octroyer de minuscules morceaux de jambon, de fromage et de poulet pendant les cours car ils sont très gourmands.
- Utiliser des récompenses afin de les motiver pour pouvoir plus facilement leur apprendre à obéir lorsque vous leur dites : « Viens ! ».
- Lors du rappel, siffler ou crier, surtout lorsque vous êtes dans un parc.
- Les entraîner à marcher au pied dans la maison et dans le jardin, pas seulement dans un parc.
- Jouer à beaucoup de jeux avec eux durant le dressage et après. Les jeux leur permettent d'associer votre présence et les périodes de dressage à des moments agréables.

**CE QU'IL NE FAUT PAS FAIRE**

- Attacher les chiots pour asseoir votre autorité comme vous le feriez avec des chiens adultes : ils risquent de s'emmêler dans leur laisse et de paniquer.
- Prendre un collier étrangleur ou coulissant.
- Frapper un chiot. Si vous êtes mécontent(e), essayez de le dresser lorsque vous serez plus calme. Rappelez-vous qu'il ne comprend absolument pas le but que vous poursuivez.
- L'épuiser en le dressant. Il ne peut assimiler beaucoup de choses à la fois.

**« Debout ! »**
Attendez la troisième semaine pour apprendre cet ordre à un chiot, car il l'assimile difficilement.

**« Assis ! »**
Incitez-le à tomber sur son arrière-train en attirant son attention à l'aide d'une friandise.

**« Couché ! »**
N'exigez pas qu'il reste immobile trop longtemps car il tend à perdre sa concentration.

CHAPITRE 4

# Matériel de dressage

# Harnais et laisses

- Différentes longueurs pour différents apprentissages.
- Un harnais en voiture, c'est comme la ceinture de sécurité.
- L'astuce de l'enrouleur n'a plus besoin de faire ses preuves.

Le matériel nécessaire pour dresser un chien est relativement peu coûteux, si l'on considère les résultats qu'il permet d'obtenir lorsqu'on l'utilise de façon adéquate. Ne vous lancez pas dans de grosses dépenses en achetant des colliers et des laisses inadaptés. Évitez les chaînes et les laisses fantaisie ainsi que les colliers très ornés. Une laisse en cuir ou en nylon solide, de 1,20 à 2 mètres de long, sera amplement suffisante. Choisissez de préférence un collier en cuir, rond et lisse. Les colliers étrangleurs peuvent faire mal aux chiens s'ils les serrent trop. Il existe des modèles coulissants très pratiques, car munis d'un dispositif empêchant tout risque d'étranglement.

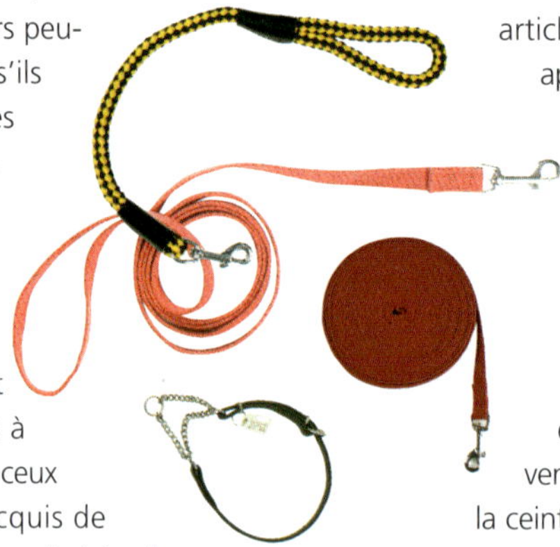

Certains articles conviennent pour des chiens difficiles à dresser ou pour ceux qui ont acquis de mauvaises habitudes. Le licou suscite des avis divers. Les personnes qui en sont contentes le jugent absolument inoffensif. D'autres ont remarqué ses effets traumatisants sur leur chien et ont cessé de l'utiliser, le trouvant dangereux et inutile. Il peut cependant être très efficace lorsqu'il est employé de façon judicieuse. On trouvera une description plus détaillée en double page suivante.

Voici maintenant l'équipement de base dont vous aurez besoin pour dresser votre chien :

- Une laisse de 1,20 mètre et une de 2 mètres (en cuir de préférence) si vous pouvez courir.
- Un collier fixe (impossible de resserrer) ou semi-coulissant.
- Une longue laisse de 10 à 15 mètres en nylon fin et solide, dotée d'un mousqueton.
- Une petite laisse d'environ 2 mètres de long.
- Une laisse à enrouleur, particulièrement utile pour les chiots.

Outre ce matériel de base, d'autres articles présentés plus en détail ci-après pourront être utilisés.

## Harnais de sécurité

Un grand nombre de harnais pour chiens sont disponibles dans le commerce. Utiles tout particulièrement dans la voiture et semblables à ceux destinés aux enfants, ils peuvent être accrochés aux sangles de la ceinture de sécurité. Faites toujours voyager votre chien sur la banquette arrière. Il risquera moins de mal se conduire et ne pourra pas sauter à l'extérieur lorsque vous ouvrirez les portières. En revanche, ces harnais ne sont pas appropriés pour apprendre aux chiens à marcher au pied (sans tirer sur leur laisse). Pour cela, vous aurez besoin d'un autre modèle.

## Harnais de marche

Conçu pour empêcher le chien de tirer, ce type de harnais exerce, lorsqu'il va trop vite, une pression désagréable sous ses pattes à l'endroit où les lanières frottent. La douleur cesse quand il ralentit. Ce matériel très facile à utiliser s'avère d'une efficacité remarquable.

Les harnais de marche sont conçus pour exercer une tension douloureuse sous les pattes avant des chiens.

**AVANTAGES**

■ Les harnais de marche sont tout indiqués pour la marche au pied.

■ Ils empêchent les chiens de courir.

## Les laisses à enrouleur (sans risque pour les chiots)

Une laisse à enrouleur se prête à de nombreux usages. Extensible, elle se déroule et s'enroule à l'intérieur d'un petit boîtier en plastique muni d'une poignée. Un bouton vous permet de régler la longueur. Si vous pressez dessus une seconde fois, la laisse s'enroule. C'est un excellent dispositif pour contrôler les mouvements des chiots qui n'ont pas encore été dressés. Suivant le modèle de laisse utilisé, vous pouvez les retenir même s'ils se trouvent à environ 12 mètres de vous.

La laisse à enrouleur vous rend de grands services lorsque votre chiot se trouve en présence d'un chien adulte ou d'un chat. Il dispose ainsi d'une appréciable liberté, mais vous conservez toutefois la possibilité de le retenir si nécessaire.

**AVANTAGES**

■ Les laisses à enrouleur permettent de promener les chiens en toute sécurité.

■ Elles empêchent ces derniers de s'éloigner, sans pour autant leur interdire de s'ébattre.

■ Elles sont parfois utilisées pour leur apprendre à ne pas bouger et à revenir.

■ Elles sont pratiques lorsque les chiens sont en présence d'autres animaux domestiques.

## Les longues laisses

Constituées de nylon fin mais solide, les longues laisses sont surtout utilisées pour effectuer des exercices de rappel. Elles peuvent mesurer entre 10 et 15 mètres de long. Vous les trouverez dans des magasins d'outils de bricolage. Il vous faudra simplement fixer un mousqueton à l'une des extrémités pour l'accrocher au collier de votre chien ; vous ferez une boucle à l'autre extrémité afin de former une poignée. Ces laisses en nylon font parfois mal aux mains. Par conséquent, munissez-vous de gants pour apprendre le rappel à votre chien.

**AVANTAGES**

■ Les longues laisses sont parfaites pour le rappel.

■ Elles permettent d'apprendre au chien à ne pas bouger.

■ Elles l'empêchent de courir après d'autres animaux lorsque vous lui apprenez à répondre à votre appel.

Munie d'une poignée, une laisse à enrouleur se déroule et s'enroule. Elle est très pratique pour apprendre aux chiots à marcher au pied.

# Les colliers

■ Oubliez leur aspect décoratif, les colliers sont des outils de dressage.
■ Le collier étrangleur nécessite un usage précis et modéré.
■ Le saviez-vous? Les chiens, comme les moustiques, détestent la citronnelle.

## Le licou ou collier de tête

Il empêche les chiens de tirer. Mis à part les exercices de dressage proprement dits, il constitue sûrement le moyen le plus efficace pour apprendre à votre chien à marcher au pied. À noter qu'il n'est pas toujours bien accepté au départ. Ajusté sur le museau et la tête, il permet au chien d'ouvrir sa gueule normalement et de respirer sans gêne. Mais lorsque le chien tire, il l'oblige à tourner la tête du côté de son maître, et cette position inconfortable le freine donc dans son élan. Grâce au licou, votre chien apprendra à marcher à vos côtés sans tirer.

Destinés en principe surtout aux grands chiens, les licous sont également très pratiques si vous avez du mal à vous mouvoir ou n'avez pas la force physique nécessaire pour retenir un chien qui tire fort. Ils ont en outre tendance à apaiser ceux qui sont trop turbulents. Un grand nombre de chiens réagissent très mal à ce collier qui les gêne. Ils se mettent à frotter leur museau contre le sol et ont l'air très inquiets. Ils le sont vraiment, mais le côté spectaculaire de leur réaction est quelque peu exagéré. Il est possible d'atténuer leur détresse en les habituant progressivement au port du licou, car leur angoisse n'est en fait, dans la plupart des cas, qu'une réaction éphémère. Mieux vaut que votre chien se familiarise avec ce type de collier plutôt que de le laisser tirer sur sa laisse jusqu'à la fin de sa vie. La majorité des chiens s'adaptent au licou au bout d'une quarantaine de cours, et sa vue leur procure autant de joie que celle de la laisse. Il faut seulement y consacrer du temps et de la persévérance. Toutes les personnes dont les chiens ont cessé de tirer grâce à ce collier pensent que cela en vaut la peine.

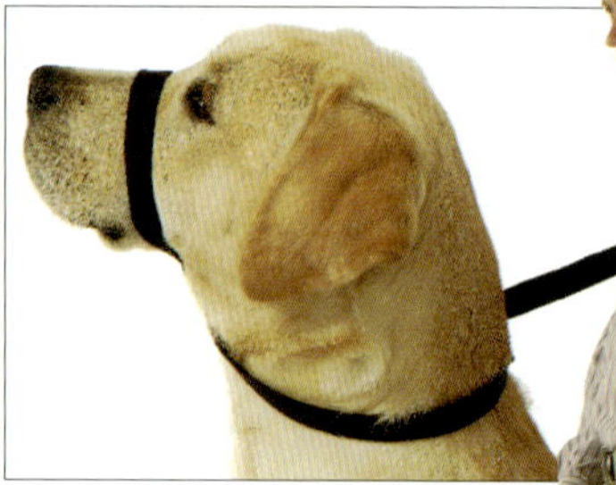

Certains chiens réagissent très mal au port d'un licou. Persévérez car c'est un excellent moyen pour retenir ceux qui tirent.

### AVANTAGES DU LICOU

- Il empêche les chiens de tirer.
- Il est facile à utiliser.
- Il apaise un grand nombre de chiens.
- Il réduit souvent leur agressivité.

## Habituer son chien à porter un licou

Dans un premier temps, faites asseoir votre chien alors que vous tenez son licou et sa laisse. Ayez quelques morceaux de fromage ou de jambon à portée de main. Mettez le licou à votre chien (il doit pouvoir ouvrir sa gueule), puis offrez-lui une récompense. Laissez-lui porter le licou pendant quelques minutes, puis ôtez-le et donnez une autre récompense à votre chien. Ainsi, il associera son port et l'octroi d'une récompense.

Vous devez répéter cette opération trois fois par jour pendant environ 10 minutes et pendant trois jours. Le quatrième jour, attachez la laisse au licou et faites quelques pas avec votre chien dans la maison ou le jardin en lui donnant des récompenses à de courts intervalles. S'il panique ou essaie de frotter son museau contre le sol (ce qui est normal), distrayez-le avec des friandises et faites-le asseoir en utilisant la laisse .

Il est aussi utile de le laisser avec son licou dans la maison pendant 10 à 15 minutes, deux fois par jour. S'il commence à accepter de le porter sans faire trop d'histoires, c'est qu'il s'habitue.

Dans un premier temps, la plupart des chiens n'apprécient pas cette sorte de muselière, mais ils se familiarisent vite avec elle, car ils l'associent à la perspective d'une prime gourmande ou d'une promenade. Si vous parvenez à promener votre chien équipé du licou dans votre maison ou dans votre jardin sans susciter de réaction de recul de sa part, vous pouvez aller dans la rue.

## Les colliers étrangleurs (coulissants)

Les colliers étrangleurs et coulissants se resserrent autour du cou de l'animal lorsque celui-ci tire. Ils sont réservés à des usages bien précis, en présence d'un dresseur qualifié, et ne sont pas faits pour être portés en permanence. Dans cet ouvrage, ils ne sont pas recommandés, même à l'occasion des séances de dressage.

## Le collier électronique à brumisation

Ce collier fonctionne à l'aide d'une télécommande utilisable lorsque le chien n'est pas trop éloigné. Il ne s'agit pas d'un collier étrangleur électrique. Il libère seulement un jet de citronnelle inoffensif mais nauséabond. Il est très bien pour apprendre le rappel à un chien lorsque toutes les autres méthodes se sont révélées inopérantes.

Cependant, pour vous en servir, il importe de bien comprendre la façon dont les chiens assimilent les ordres qu'on leur donne, car il faut actionner la télécommande au bon moment. Mieux vaut donc demander des conseils à un dresseur afin de savoir manipuler correctement ce type de collier. Vous ne devez surtout pas l'utiliser pour punir votre chien. Bien que la citronnelle soit sans risque pour la santé, son odeur peut être très incommodante. Les fabricants affirment que ce collier peut rendre des services pour apprendre l'obéissance aux chiens. C'est faux car c'est un article qui exige certaines précautions d'emploi. Demandez donc de préférence l'aide et l'avis d'un spécialiste.

### AVANTAGES

- Le collier-brumisateur permet d'apprendre le rappel.
- Il empêche votre chien de chaparder dans les poubelles.
- Il le dissuade de courir après les autres animaux.

Lorsque la télécommande est actionnée, le collier libère un jet de citronnelle nauséabond qui surprend le chien et l'interrompt dans son activité.

# Jouets, sprays, lieux de couchage

- Jouets farcis : les chiens aussi ont des pochettes-surprises.
- Drôle de goût, cette laisse !
- « *Home, sweet home* » : la corbeille est un havre de paix.

## Jouets à mâcher et autres articles (sans risque pour les chiots)

Il est possible d'utiliser des jouets bien faits pour dresser votre chien. Certains, creux et en caoutchouc, peuvent être farcis de nourriture. Votre chien pourra les mâcher autant qu'il le voudra et manger les morceaux d'aliments qu'ils contiennent. Gageons qu'il trouvera l'amusement agréable. Vous pourrez notamment utiliser ces jouets pour le récompenser après l'avoir laissé longtemps attaché. Ainsi, votre chien fera immédiatement le lien entre le moment durant lequel il a été privé de liberté et cette récompense, au lieu de se focaliser sur vous et de se sentir frustré.

On trouve dans le commerce des jouets solides et de bonne qualité. Pour apprendre à votre chien à rapporter quelque chose, je conseille d'utiliser une balle en caoutchouc très résistant. Évitez les balles de tennis, car elles s'écrasent parfois entre les mâchoires du chien, finissent dans sa trachée et lui font très mal. Les anneaux en caoutchouc, les jouets faits avec de la corde et des morceaux de chiffon sont en revanche parfaits pour jouer. Ils contribuent à éveiller le chien et à égayer les moments qu'il passe en votre compagnie.

**AVANTAGES**

- Les jouets pour chiens sont tout indiqués pour le rappel.
- Ils permettent des jeux d'éveil.
- Ils sont très efficaces pour les chiens qui ont besoin d'être stimulés.
- Ils peuvent s'utiliser dans le cadre des exercices de dressage présentés dans ce livre.

Il existe une grande variété de jouets solides et bien faits dans le commerce. Ils s'avèrent utiles lors des exercices de dressage.

## Les répulsifs (sans risque pour les chiots)

Les liquides amers ou la citronnelle, totalement inoffensifs, peuvent être pulvérisés sur des objets dont on cherche à détourner les chiens. Ils les empêchent de mâcher leur laisse ou d'essayer de la saisir comme s'il s'agissait d'un jouet. Les sprays sont particulièrement efficaces pour dissuader les chiots de mordiller tout ce qui est à leur portée comme ils en ont l'habitude. Le chien ou le chiot comprend que la sensation désagréable est due au fait qu'il mâchouille la chose concernée, non au produit que vous avez pulvérisé dessus.

**AVANTAGES**

- Les répulsifs empêchent les chiens, notamment les chiots, de mâcher leur laisse.
- Ils les dissuadent de mordiller vos bras et vos mains, s'ils le font souvent.

Pour empêcher les chiens et les chiots de saisir et de mâcher leur laisse ou d'autres objets de votre domicile, pulvérisez un répulsif dessus. Ce liquide inoffensif déplaira fortement à votre chien lorsqu'il approchera son museau et lui ôtera l'envie de recommencer.

Ce boxer a saisi sa laisse pour jouer à qui tirera le plus fort avec son maître. Ce n'est pas exactement ce que vous recherchez lorsque vous commencez à lui apprendre à marcher au pied.

## Les corbeilles

Sitôt qu'ils acquièrent un chien, la plupart des gens se soucient en premier lieu de son confort, donc de l'endroit où il doit se coucher. Cela revient à lui donner, dans votre foyer, une place qui lui est propre. Moi, je n'attribue pas d'endroit où dormir à mes chiens, car je ne veux pas qu'ils aient l'impression d'avoir un espace attitré. Cependant, si les gens achètent des corbeilles pour leur chien, c'est leur droit. Et quand un chien a son coin à lui, autant l'utiliser pour lui apprendre à se coucher et à ne pas bouger. C'est pratique lorsque vous voulez qu'il reste allongé. Certaines personnes n'apprécient pas que les chiens leur donnent des coups de patte et sollicitent leur attention en permanence. La présence d'une corbeille peut prévenir ce type de comportement. À force de vous entendre répéter le même ordre, les chiens finissent par aller se coucher sur commande. Recourez à la même technique lorsque vous attachez votre chien chez vous pour l'empêcher de déambuler. Ou offrez-lui une friandise pour l'attirer jusqu'à sa couche, et ne la lui donnez que lorsqu'il est allongé.

### AVANTAGES

- Les corbeilles sont d'une grande aide pour apprendre à votre chien à ne pas bouger.
- Une fois que votre chien sera dressé, vous pourrez placer sa couche n'importe où. Il s'y rendra quand vous le lui ordonnerez.

Tout en constituant un lieu où le chien peut se reposer et dormir, la corbeille peut être utile lors du dressage : elle peut servir quand vous apprenez à votre chien à obéir aux ordres « couché » et « pas bouger ». Installez-vous dessus parfois pour bien signifier à votre chien que vous avez pleinement le droit de vous y trouver.

# Autres outils de dressage

- Créer des réflexes conditionnés et des associations positives.
- Tout le monde ne sait pas siffler avec ses doigts.
- Chien bien nourri, maître obéi.

## Les disques (sans danger pour les chiots)

Ces cinq disques métalliques passés dans un anneau s'entrechoquent avec fracas quand ils tombent par terre. Pour obtenir un bruit similaire, vous pouvez lancer une chaîne ou un vieux trousseau de clés. Ces éléments de dissuasion sonores sont très utiles pour stopper les chiens lorsqu'ils sont sur le point de faire des bêtises ou se sont mal conduits. Il faut alors dire : « Non ! » en jetant les disques à terre. Pour que cela soit vraiment efficace, il est préférable de préparer le terrain. En effet, le chien ne comprend pas d'où viennent les sons et se montre très méfiant à l'égard de ce qu'il ne connaît pas.

Tandis qu'il chaparde de la nourriture, saute sur une personne ou aboie de façon excessive dans une voiture ou à l'intérieur de la maison, les disques qui claquent font sursauter le chien. Ils agissent de la façon suivante :

– Ils font un bruit que le chien va aussitôt associer à l'activité qui l'occupe et qui, dès lors, lui paraîtra désagréable.

– Le chien va faire le lien entre le claquement de disques et l'ordre : « Non ! »

– Il finira par obéir immédiatement et s'arrêter dès que son maître lui dira : « Non ! », sans même que ce dernier ait besoin de lancer les disques.

Prudence avec les chiots ! N'utilisez ce gadget que lorsque les autres méthodes ont échoué.

### AVANTAGES

- Les disques permettent de calmer les chiens turbulents, notamment ceux qui sautent.
- Ils vous aident à faire comprendre l'ordre : « Non ! » à votre chien.
- Ils font cesser les aboiements aussi bien à la maison qu'en voiture.

## Les sifflets (sans danger pour les chiots)

Un sifflet de bonne qualité est parfois essentiel pour apprendre à votre chien le rappel (pp. 152-157). Le son qu'il produit porte plus que la voix, d'où son utilité quand vous devez attirer l'attention de votre chien qui s'est éloigné. Je ne conseille pas l'utilisation de clickers.

### AVANTAGES

- Les sifflets sont très efficaces lors du dressage.

Les disques s'entrechoquent avec fracas quand ils heurtent le sol.

## Les primes gourmandes (sans risque pour les chiots)

N'en donnez à votre chien qu'au cours des exercices de dressage afin qu'il ne pense pas

Deux outils ont été utilisés en même temps. Le sifflet a permis d'attirer l'attention du chien qui se promenait assez loin, hors de portée de voix. La prime gourmande a servi à le récompenser, car il est finalement revenu quand on l'a appelé.

Les morceaux de jambon, de fromage et de poulet constituent de succulentes récompenses.

qu'il suffit de vous harceler pour en recevoir. Un chien qui mange bien n'a pas besoin d'apport supplémentaire en nourriture ou en vitamines. Récompensez-le plutôt avec des petits morceaux de jambon, de fromage et de poulet. Ces aliments naturels et frais sont plus alléchants que les friandises pour chiens toutes préparées. Faciles à utiliser, ils peuvent être placés dans une boîte en plastique ou dans un sac. Ne les distribuez qu'avec modération. Faites attention de ne pas gaver votre chien surtout s'il est de petite taille. Les labradors peuvent en avaler énormément avant d'être rassasiés.

### AVANTAGES

- Les primes gourmandes constituent une bonne récompense lorsque le chien obéit.
- Elles attirent l'attention du chien, et lui font associer la nourriture et l'ordre intimé.

## Un régime sain (sans danger pour les chiots)

Bien que la nourriture (à la différence des friandises) soit rarement mentionnée dans les manuels de dressage, elle peut avoir une grande influence sur le comportement de votre chien. Une alimentation saine, vitale pour son organisme, influe sur son comportement.

La plupart des aliments pour chiens, en boîte ou séchés, contiennent des additifs chimiques apparemment sans danger, mais on peut développer des arguments contre, comme pour les plats préparés en général. Mieux vaut nourrir votre chien avec des aliments naturels. Il y aura moins de risques que des colorants ou d'autres substances chimiques puissent jouer sur son comportement. Une nourriture saine n'a pas besoin d'agents de sapidité et de vitamines supplémentaires ; elle contient par définition tous les produits nécessaires.

Vous noterez un changement de comportement chez votre chien s'il mange de la viande fraîche cuite avec des légumes et du riz. Un chien atteint de phobies s'est complètement métamorphosé en moins de deux semaines à l'aide de ce nouveau régime et de quelques cours de dressage. Beaucoup de chiens hyperactifs changent du tout au tout quand ils mangent ainsi. Rappelez-vous que le dressage est encore plus long et difficile avec un chien qui ne se porte pas bien. Par conséquent, faites attention à ce que vous donnez à manger au vôtre. Nourrissez-le avec des aliments naturels pendant un mois et constatez par vous-même les résultats.

Le dressage prend certes du temps, mais le plaisir d'avoir un chien bien éduqué mérite bien tous ces efforts.

CHAPITRE 5

# Communication

# Parlez-vous chien ?

- Observez les attitudes corporelles de votre chien.
- Un langage commun s'établit dans les premiers mois de la vie du chiot.
- N'exigez pas les mêmes performances d'un doberman et d'un pékinois.

## Créer un nouveau langage

Si vous regardez des chiens jouer ensemble dans un parc, vous constaterez qu'ils sont sociables et capables de faire comprendre leur humeur et de leur personnalité. Ils ont hérité ce langage complexe de leurs ancêtres, les loups, dont les principaux instincts demeurent chez eux même s'ils se sont beaucoup modifiés.

La manière dont ils entrent en contact les uns avec les autres est très importante. Leur maintien, leur façon de tenir leur queue et les bruits qu'ils émettent jouent un grand rôle.

Ce chien a une attitude respectueuse.

Un chien dont la queue frétille n'a pas nécessairement de bonnes intentions. Cela va dépendre des circonstances et de la façon dont elle bouge. L'odeur est cruciale. Un chien flaire toujours les organes génitaux et les autres parties du corps de ses congénères pour les identifier et définir leur statut. Nous ne disposons pas de tels moyens d'informations. Peut-être cela vaut-il mieux !

Les méthodes de communication du chien diffèrent des nôtres. Elles reposent principalement sur l'expression corporelle. Cependant, aussi étrange que cela puisse paraître, et malgré la complexité de nos paroles, nous utilisons aussi beaucoup les gestes. Donc, même si nos modes de communication ne se ressemblent pas, nous avons des choses en commun avec les chiens et nous pouvons découvrir un moyen de communiquer avec eux de façon sommaire. Les chiens ne sont pas des automates. Ils ont des sentiments et des humeurs ; leurs émotions sont assez simples et proches de celles des enfants. Il est donc difficile de comprendre leur état d'esprit lorsque nous tentons de les dresser.

Pour éduquer efficacement votre chien, il importe de comprendre quelques éléments de sa psychologie. Peut-être faut-il aussi que vous vous débarrassiez de certaines idées préconçues ? Les chiens sont bien sûr des animaux formidables, avec lesquels nous entretenons des relations incomparables, mais ils ne pensent pas de la même façon que nous car ils ne le peuvent pas. Ils ne raisonnent pas comme nous : d'où de nombreuses situations conflictuelles. Quand un chien a fait quelque chose de mal – par exemple, lorsqu'il a gratté le bas d'une porte ou renversé une table –, rien ne sert de le réprimander. Il vit dans l'instant présent comme un petit enfant et ne prend pas vraiment en compte le passé et le futur. Quand vous saurez apprécier la simplicité de son univers, vous aurez moins de difficultés à l'éduquer.

Ne pouvant se comporter comme dans la nature, le chien est forcé de s'intégrer à notre mode de vie et il fait de son mieux pour s'adapter.

Il essaie de trouver sa position dans la hiérarchie de votre famille. Plus elle sera haute, plus les risques de conflits seront élevés. Si vous le remettez à sa place, il deviendra plus malléable et plus facile à dresser. Ceci est une règle générale.

La période critique pour un chiot se situe entre 5 et 12 semaines. À ce stade, il a déjà son tempérament, cherche des réponses instinctives de votre part et essaie de communiquer avec vous comme il le ferait avec un autre chien. Vous devez alors lui apprendre ce que vous voulez.

Il faut bien comprendre qu'un chien apprend les choses d'une manière schématique et procède par associations. S'il reçoit une récompense comme une caresse, de la nourriture, des flatteries lorsqu'il s'assoit ou se couche, il voudra naturellement recommencer. Lorsqu'il renverse une poubelle qui sent bon, la récompense qu'il obtient, c'est la nourriture qui s'y trouve. À l'inverse, une expérience déplaisante a un effet dissuasif. Ainsi, si votre chien saisit de l'écorce d'orange dans une poubelle, il sera déconcerté par son goût acide et évitera dorénavant de renverser les poubelles.

## Un comportement héréditaire

En fonction de sa race, votre chien hérite de comportements caractéristiques. Cela peut être une source de problèmes pendant le dressage. Les chiens courants sont élevés pour chasser

Le dressage dépend beaucoup du vocabulaire employé pour donner les ordres.

et utilisent leur flair presque constamment, à la différence d'un pékinois, par exemple. C'est pourquoi, lorsque vous les dressez à l'extérieur, il faut parfois beaucoup d'efforts pour capter et retenir leur attention. Les chiens de compagnie sont, eux, parfois si petits lorsqu'ils ne sont encore que des chiots, qu'il est difficile de les manipuler et qu'il faut être très agile pour pouvoir se mettre à leur hauteur durant certains exercices.

Les chiens de berger sont plus faciles à dresser ; cependant, si on les laisse agir à leur guise, ils peuvent utiliser leur intelligence naturelle pour adopter un comportement indésirable. Les terriers sont prompts à s'exciter et à réagir dès que quelque chose attire leur attention, tandis que les saint-bernard semblent plutôt lents. Ces chiens ne se développent pas à la même vitesse et ont été élevés à des fins diverses exigeant des réactions et des tempéraments différents. Cependant, tous peuvent être dressés. Mais il faut que vous ayez conscience des différents facteurs pendant le dressage.

Si vous voulez vivre sans problème avec eux et les éduquer facilement, les chiens doivent occuper le dernier rang dans la hiérarchie de votre famille.

# Influencer son comportement

- Le b.a.-ba des relations de cause à effet.
- Une caresse, un jeu, un mot gentil sont des récompenses.
- Punissez pour indiquer une faute commise, pas pour soulager vos nerfs.

## Ton de la voix

Le chien est sensible à la sonorité de la voix humaine. Par conséquent, il est préférable que vous lui donniez des ordres brefs comme « Non ! », plutôt que de lui tenir des discours confus comme « Tu es un mauvais chien : qu'est-ce que tu as fait ? ». Délivrez-les sur un ton ferme. Les chiens peuvent néanmoins comprendre un même ordre, qu'il soit prononcé par un adulte ou par un enfant, dont les voix sont différentes. Ils s'adaptent à la personne qui commande, dans la mesure où le message est cohérent.

L'utilisation de primes gourmandes, comme des petits morceaux de nourriture, est très efficace pour amener le chien à avoir un comportement approprié.

## Récompenses

Les chiens ne cherchent pas à être remerciés pour leurs actions, mais plutôt à être appréciés par les membres de la famille à laquelle ils appartiennent, surtout par ceux qui occupent le rang le plus important. Ils n'ont sûrement pas des récompenses la même vision que nous, mais ce terme est très utile pour décrire une partie importante du dressage. Souvenez-vous que les chiens cherchent à adopter un comportement méritant. Parmi les récompenses que vous pouvez leur octroyer figurent les compliments, les caresses, les aliments, le temps que vous passez en leur compagnie, les jeux de ballon ou d'autres types d'échanges, de questions/réponses, qui leur donnent l'impression d'être acceptés.

Lors des séances de dressage, la nourriture tient souvent lieu de récompense, mais veillez à en user avec modération, car cela peut perturber le bon déroulement des exercices. Le jeu est une autre récompense très efficace que les chiens adorent. Ils aiment profiter de la vie, cela correspond à leur caractère. Ils jouent souvent avec des jouets, des bâtons, des vieilles chaussettes. Vous pouvez donc utiliser tous ces objets à des fins éducatives.

## Expériences déplaisantes

Si les chiens cherchent naturellement à réaliser des actions susceptibles de leur apporter une récompense, il n'y a rien d'étonnant à ce qu'ils évitent celles qui leur causent des désagréments. Le terme de *punition* est souvent employé, au cours des séances de dressage, pour qualifier une expérience déplaisante. La connotation vengeresse du mot n'est pas véritablement appropriée lorsque l'on a affaire à des

Les chiens aiment jouer et apprécient que leur maître s'occupe d'eux. Pendant une séance de dressage, un jeu comme celui-ci s'apparente donc à une véritable récompense.

chiens. Cependant, pour des questions de simplicité, je l'utilise dans cet ouvrage. Les chiens évitent tous les motifs de désagréments. Ils n'aiment pas être blessés, dérangés ou rejetés par leur entourage. Nous pouvons mettre à profit ce trait de caractère pour influer sur leur comportement.

Il existe divers types de punitions ou d'expériences désagréables. Vous pouvez ignorer votre chien, en refusant sa compagnie. S'il mâche sa laisse, vous pouvez y vaporiser du répulsif, ce qu'il trouvera franchement désagréable. Il en conclura que le fait de mâcher sa laisse n'est pas une source de plaisir sans qu'il y ait eu une intervention directe de votre part. Vous pouvez aussi proférer des menaces vocales à votre façon bien sûr, c'est-à-dire en prononçant uniquement le mot « Non ! ». Si vous tenez un chiot par la peau du cou et le fixez pendant quelques secondes, cela ressemblera fort à une menace et fera beaucoup d'effet sur lui. Votre statut de chef devrait vous permettre d'agir ainsi sans rencontrer aucun problème. En revanche, il n'est pas recommandé de frapper votre chien pour le dissuader de faire quelque chose. Il existe des moyens plus efficaces.

Voici un exemple qui montre comment alterner récompenses et punitions pour dresser votre chien. Admettons que ce dernier se précipite en avant et vous fasse tomber, attachez-le et donnez un coup sec sur sa laisse quand il tire : il trouvera l'expérience très déplaisante. Si vous avez le coup de main, il associera ce coup sec au fait de tirer et cessera de le faire. Bien entendu, il est plus simple de lui apprendre à ne pas tirer en usant de récompenses. Malheureusement, nous avons trop souvent tendance à perdre patience et recourir à la punition, et cela ralentit en général le processus d'apprentissage. Pour parler par métaphore, il vaut mieux employer la carotte que le bâton.

N'ignorez pas un chien qui s'est montré obéissant. Il faut qu'il comprenne qu'il existe un lien de cause à effet entre l'ordre donné, ce qu'il a fait et l'octroi d'une récompense.

Si le chien se comporte mal, il convient de lui faire sentir que cela peut avoir un effet déplaisant pour lui. S'il se précipite, donnez un petit coup sec sur la laisse pour qu'il arrête de tirer.

## Synchronisation

Nous avons vu que le chien comprend le sens des ordres qui lui sont donnés en associant ce qu'on lui demande de faire (dans le cadre d'un exercice) à la récompense ou au désagrément qui suit. En fonction de votre façon de procéder, il assimilera tout cela plus ou moins vite. Il s'agit avant tout d'une question de synchronisation. Si vous punissez ou récompensez votre chien, vous devez le faire sur le moment même, ou juste deux secondes après, pour qu'il soit capable d'établir un lien de cause à effet.

Les novices trouvent en général difficile de tout faire en même temps : donner les ordres, puis punir ou flatter le chien au bon moment. Cela nécessite un peu de pratique. Il est préférable, parfois, de faire des essais sur vous-même avant de vous occuper du chien.

# Vous faire comprendre

- L'indifférence est une arme terrible.
- Pour le chien, son maître est un peu une figure de chef de meute.
- Un maître se doit d'être plus cohérent et entêté que son chien.

Veillez à ce que, dans votre maison, tout le monde emploie les mêmes ordres et les mêmes gestes.

## Motivation et cohérence

Les récompenses constituent une forme de motivation pour votre chien, mais vous avez à votre disposition d'autres moyens pour l'inciter à rechercher votre compagnie, à apprendre et donc à obéir. Le programme destiné à vous aider à asseoir votre autorité (pp. 35-41) est excellent du point de vue psychologique, puisqu'il permet de manipuler les instincts de votre chien au moment opportun. Utilisez son désir naturel d'attirer votre attention et de s'amuser avec vous pendant le dressage, mais n'oubliez pas que c'est votre chien et non vous qui doit faire des concessions.

Lorsque toute la famille participe au dressage, tous ses membres doivent adopter un comportement cohérent. Si vous apprenez une langue étrangère avec quatre professeurs prônant chacun des méthodes différentes, vous aurez sans nul doute quelques difficultés. Tous les intervenants doivent donc se mettre d'accord sur les ordres à donner au chien et sur la façon de le dresser. Certains chiens obéissent plus ou moins bien en fonction de la personne qui commande. Combien de femmes se lamentent parce que leur chien obéit davantage à leur mari ? En effet, les chiens accordent souvent plus d'attention aux voix masculines, peut-être parce que les femmes sont plus tolérantes, et que cela joue contre elles. Les chiens apprennent à obéir lorsque les ordres sont clairs et sans ambiguïté. Les hommes ont souvent un langage très simple, plus compréhensible pour le chien. Cela dit, un grand nombre de dresseurs qualifiés sont des femmes, mais tous donnent des ordres clairs, concis et toujours cohérents.

## Coupables ?

Les chiens ont-ils le sens de la faute ? On pourrait le croire parfois, mais en réalité leur attitude signifie plus une marque de crainte devant un probable

Les ordres doivent être intimés d'un ton sec, avec des gestes clairs et cohérents. Aucun dressage n'est possible si votre attitude manque de cohérence.

châtiment de votre part. Quand un maître, après avoir essayé pendant une heure de rattraper son chien dans un parc, finit par le coincer, le chien prend souvent un air coupable et soumis. Nous croyons alors qu'il comprend la raison de notre colère. Mais non ! Il est seulement conscient de ce que nous sommes fâchés (il interprète mieux nos gestes que nous ne le pensons) et adopte de ce fait des postures humbles et repentantes, destinées à calmer notre fureur.

Pour qu'il vous craigne, il faut qu'il ait fait les frais de votre colère ! Si vous le punissez alors que vous n'êtes plus fâché, il ne comprendra pas le sens de votre réaction. Par conséquent, mordez-vous les lèvres si les choses vont mal, mais essayez de faire faire à votre chien les exercices proposés dans ce livre en gardant votre calme.

## Ignorer son chien : une attitude qui paye

Le loup peut ignorer ou choyer qui il veut dans la meute. Son attitude à l'égard des autres prouve qu'il est le chef. Les chiens domestiques réagissent énormément à l'intérêt que nous leur portons. Si vous ignorez les comportements indésirables de votre chien, il y a de fortes chances pour qu'il y renonce. Mais, en général, les chiens sont plus cohérents et manipulateurs que nous dans notre feinte indifférence. Avec une patience incroyable, qu'ils tiennent sûrement de leur comportement inné de chasseurs, ils viennent à bout de notre détermination.

Ils aboient souvent pour vous solliciter, simplement parce qu'ils ont vu que cela marchait. Ces aboiements ne sont pas des caractères héréditaires, mais témoignent de la domestication des chiens. Si vous le pouvez, ignorez-les (en même temps, évitez de regarder votre chien aboyer). Dans la plupart des cas, cela s'arrêtera. En revanche, si vous le félicitez, en le caressant, le tapotant ou le flattant, parce qu'il s'est assis, couché ou est venu au moment où vous le lui avez demandé, vous l'encouragerez à recommencer. Sachez donc, face à votre chien, utiliser à bon escient l'indifférence. Assumez ainsi votre rôle de chef de meute.

Il est instructif d'observer un maître préoccupé par le comportement de son chien. Lorsqu'on lui demande d'ignorer ce dernier pendant 10 minutes, neuf fois sur dix, il ne tient pas. Il n'en est cependant pas conscient tant que l'un des dresseurs ne lui a pas fait remarquer la façon dont il a accordé son attention à son chien, par une légère inclinaison de la tête dans sa direction lorsqu'il a gémi, aboyé ou a donné un petit coup de pattes. Dans la plupart des cas, ce sont bien les chiens qui se montrent les plus malins.

**Ce qui peut être changé dans le comportement du chien et de quelle manière (récapitulatif).**

- Le moment critique dans la formation du caractère du chien se situe entre la cinquième et la douzième semaine.
- Un comportement héréditaire ne peut pas plus changer que les autres traits propres à une race (couleur, taille et forme).
- Développez votre aptitude à moduler votre voix de façon efficace lors des séances de dressage.
- Les récompenses doivent être données au moment où le chien obéit à un ordre ou deux secondes après.
- Les punitions doivent être données au moment où le chien désobéit ou deux secondes après.
- Une bonne synchronisation signifie que le maître montre au chien qu'il existe un lien entre l'apprentissage et la récompense.
- La cohérence est primordiale en matière de dressage. Le dresseur doit répéter les mêmes ordres, toujours de la même façon.
- Le sens de la culpabilité est un concept humain.
- Ignorer votre chien a beaucoup d'effet sur ce dernier. C'est quelque chose qu'il comprend parfaitement.

# Signaux

- Les chiens interprètent très bien le langage du corps.
- Joindre le geste à la parole.
- D'amples mouvements des bras sont perçus d'assez loin.

## Gestes de main

Les chiens sont très observateurs et peuvent donc parfaitement distinguer un geste même de loin. De près, ils ont en revanche une mauvaise vue par rapport à nous. Si vous désirez compléter les ordres que vous donnez par des gestes significatifs, faites-le dès que votre chien commence à obéir au son de votre voix. Les gestes sont juste un maillon de plus dans la chaîne de la compréhension, comme les coups de sifflet. Ils s'avèrent très utiles quand le chien se trouve loin de vous.

Les chiens excellent dans l'interprétation de votre langage corporel. Lors d'une séance de dressage, ils s'inspirent donc de vos moindres mouvements, pas seulement de vos gestes de main et de bras. Prenez la situation où vous apprenez à votre chien à se coucher en utilisant un morceau de nourriture pour l'inciter à obéir. Le morceau est placé devant sa truffe, puis posé sur le sol pour que le chien suive le même mouvement. Lorsque vous le posez par terre tout en ordonnant à votre chien de se coucher, votre main, votre bras, et tout une partie de votre corps participent au mouvement. Votre chien le remarque et le mouvement de votre corps devient avec le temps un signal pour lui. S'il est petit, il vous faudra vous baisser complètement avant de poser la nourriture par terre ; il prendra alors ce mouvement pour un signal. La plupart des chiens saisissent assez bien les subtilités de la gestuelle d'une personne en action.

**« ASSIS ! »**

Placez la paume de votre main droite face à votre chien, puis dressez-la en l'air en la gardant en position verticale.

À la fin du geste « Assis ! », votre main doit être dressée en l'air.

**« PAS BOUGER ! »**

Après avoir demandé à votre chien de s'installer dans n'importe laquelle des positions énoncées précédemment, dites-lui : « Pas bouger ! », en plaçant votre main droite, paume levée face à lui,

le bras droit complètement tendu devant vous. Commencez à faire ce geste lorsque vous êtes très près de lui, puis éloignez-vous en gardant votre main dans la même position.

## À PRÉSENT, REGARDEZ LES GESTES UTILISÉS POUR APPRENDRE AU CHIEN À OBÉIR LORS DES SÉANCES DE DRESSAGE.

### « DEBOUT ! »

Éloignez votre bras droit de votre hanche en le tendant.

Le geste indiquant la position debout donne l'impression que vous allez tourner à droite. Votre bras est complètement tendu à l'horizontale.

### « COUCHÉ ! »

La paume de votre main doit être placée face au sol, votre bras tendu devant vous. Ainsi, vous décrivez un mouvement vers le bas.

### « VIENS ! » (RAPPEL)

Au début, il n'est pas nécessaire d'attirer l'attention de votre chien. Lorsqu'il vous regarde, tendez votre bras sur le côté et vers le bas, puis ramenez la paume de votre main face à votre poitrine. Vous pouvez aussi tendre les bras, vos paumes face à votre chien, en les tenant à la hauteur de votre taille. Dès que votre chien vous regarde, baissez-vous comme si vous alliez vous mettre à courir. Ramenez ensuite vos mains au niveau de vos genoux, puis contre vous en effectuant un mouvement clair.

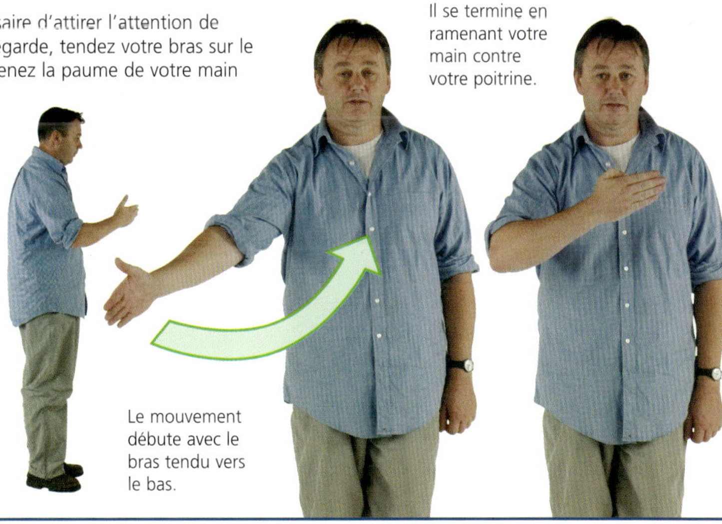

Le mouvement débute avec le bras tendu vers le bas.

Il se termine en ramenant votre main contre votre poitrine.

# Le programme d'entraînement

CHAPITRE 6

# 21 jours de dressage

# Trois semaines intensives

- Une semaine pour affirmer votre autorité.
- Les trois étapes : apprendre, intégrer, réviser.
- Au moins trois séances quotidiennes d'un quart d'heure chacune.

Ce programme devrait vous permettre de dresser votre chien au bout de seulement 21 jours. Essayez de l'appliquer en tenant compte de sa race, de son âge et de ses particularités. S'il est assez calme, mais n'obéit pas aux ordres de base, vous n'aurez pas besoin de plus de temps. En revanche, si vous avez affaire à de très jeunes chiots, vous devrez prolonger leur apprentissage, une fois ce délai écoulé. Le dressage de chiens plus âgés, moins dociles ou déjà dressés selon d'autres méthodes, exigera peut-être des efforts supplémentaires de votre part, mais il ne fait aucun doute que vous parviendrez à un résultat satisfaisant.

Avant de commencer, rappelez-vous que vous devez avoir de l'autorité sur votre chien. Pour cela, une semaine au moins avant d'aborder le dressage proprement dit, accomplissez les exercices décrits dans le chapitre 3 (pp. 36-41). Après cela, votre chien verra en vous un chef et sera plus attentif à vos ordres.

**Assis**

**Debout**

**Couché**

**Pas bouger**

**Viens**

| Ordres utilisés | Exercices |
|---|---|
| **« Assis ! »** | Position assise |
| **« Debout ! »** | Position debout |
| **« Couché ! »** | Position couchée |
| **« Pas bouger ! »** | Positions assise, debout ou couchée sans bouger |
| **« Viens ! »** | Appeler un chien pour qu'il vienne vers vous |
| **« Au pied ! »** | Marcher à vos côtés |

| Ordres utilisés | Signification |
|---|---|
| **« Allez ! »** | Le chien est libre et peut jouer à sa guise |
| **« Monte ! »** | Le chien entre dans la voiture |
| **« Viens ! »** | Le chien sort de la voiture |
| **« Rapporte ! »** | Le chien rapporte un jouet |
| **« Bon chien ! »** | Félicitation |
| **« Non ! »** | Interdiction |

## Programme de dressage

Comptez trois séances d'exercices par jour qui dureront environ 15 minutes chacune. Pour les chiots, elles ne devront pas excéder 5 minutes. Rien ne vous empêche bien sûr de prévoir quatre à cinq séances de dressage par jour, les progrès de votre chien n'en seront que plus rapides. Si celui-ci est attentif et de bonne humeur à la fin d'une séance, vous pouvez bien sûr continuer à le dresser, mais faites attention de ne pas l'ennuyer. N'oubliez pas de jouer avec lui, une fois les exercices terminés. Ainsi, il attendra avec impatience la séance suivante.

### SEMAINE 1

**Faites-le marcher** au pied en suivant un circuit carré ou circulaire en tournant autour des arbres, ainsi que dans la rue ou dans le jardin.

**Assis :** Exercez-le 3 fois par séance.

**Debout :** Exercez-le 3 fois par séance.

**Couché :** Exercez-le 3 fois par séance.

**Pas bouger :** Entraînez-le 3 fois par séance avec une laisse.

**Rappel :** Entraînez-le 1 à 5 fois par séance dans le jardin et dans la maison.

**Rapporter** (un jouet) **:** Pratiquez cet exercice à la fin d'une séance, puis jouez avec lui.

### SEMAINE 2

**Faites-le marcher** au pied dans et autour de la maison, le long d'une rue, dans un parc.

En marchant, donnez 5 fois l'ordre **« Assis ! »**.
En marchant, donnez 5 fois l'ordre **« Debout ! »**.
En marchant, donnez 5 fois l'ordre **« Couché ! »**.

**Couché, pas bouger :** Lâchez la laisse et éloignez-vous ; retournez-vous 3 fois vers votre chien pendant les 2minutes de l'exercice.

**Assis, pas bouger :** Lâchez la laisse et éloignez-vous ; retournez-vous vers votre chien 3 fois pendant cet exercice de 1 minute.

**Debout, pas bouger** Lâchez la laisse et éloignez-vous ; retournez-vous 3 fois vers votre chien pendant les 30 secondes de l'exercice.

**Rappel :** Pratiquez 5 fois cet exercice dans un jardin ou un parc (des lieux paisibles).

### SEMAINE 3

**Faites-le marcher** au pied dans et autour de la maison, dans la rue et dans un parc.

En marchant, donnez 5 fois l'ordre **« Assis ! »**.
En marchant, donnez 5 fois l'ordre **« Debout ! »**.
En marchant, donnez 5 fois l'ordre **« Couché ! »**.

**Couché, pas bouger :** Lâchez la laisse et éloignez-vous ; retournez-vous vers votre chien 3 fois pendant les 3 minutes de l'exercice.

**Assis, pas bouger :** Lâchez la laisse et éloignez-vous : retournez-vous vers votre chien 3 fois pendant les 2 minutes de l'exercice.

**Debout, pas bouger :** Lâchez la laisse et éloignez-vous : retournez-vous vers votre chien 3 fois pendant la minute que dure l'exercice.

**Rappel :** Pratiquez l'exercice autant de fois que possible, dans un jardin ou un parc (des lieux calmes).

*N.B.* : Ne faites pas précéder chaque ordre par le nom de votre chien. Cela le désorienterait, alors qu'il convient justement d'être clair. Prononcez son nom uniquement au cours de l'exercice de rappel ou lorsque vous souhaitez attirer son attention.

# Récapitulatif des exercices

- Les positions : « assis », « couché », « debout ».
- Les mouvements : « au pied », « viens », et même « pas bouger ».
- « Allez ! », pour un chien qui vient de travailler, c'est l'heure de la récré.

Si vous êtes pressé(e), référez-vous au récapitulatif. Vous y trouverez des descriptions complètes de tous les exercices, accompagnées de photographies les illustrant étape par étape, dans les chapitres qui suivent. Pour chaque ordre, utilisez la méthode qui vous semble la mieux adaptée à votre chien.

**Au pied :** Au départ, votre chien doit être à votre gauche, tandis que vous tenez sa laisse dans votre main droite. Avancez en lui disant : « Au pied ! » S'il se précipite, répétez cet ordre. Une fois qu'il a repris sa place, félicitez-le en lui disant d'une voix douce : « Bon chien ! » S'il traîne, ne le tirez pas vers vous, mais flattez-le pour qu'il marche à votre hauteur.

**Couché :** Faites d'abord asseoir votre chien, puis encouragez-le à s'allonger au moyen d'une friandise, en lui intimant en même temps l'ordre « Couché ! ».

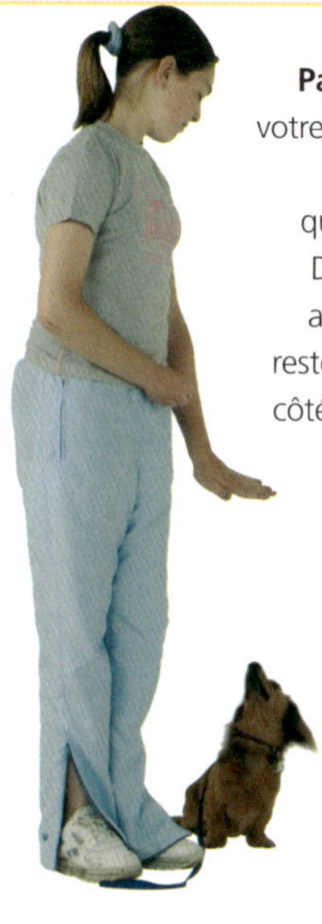

**Pas bouger :** Faites asseoir votre chien, tenez sa laisse par la poignée, puis faites quelques pas vers la droite. Dites-lui : « Pas bouger ! » avant de vous éloigner. S'il reste immobile, revenez à ses côtés et complimentez-le. Ne le flattez cependant pas trop, afin de ne pas l'exciter et l'inciter à bouger prématurément. Procédez de la même façon alors qu'il est en position debout ou couché.

**Assis :** Marchez avec votre chien au pied, puis arrêtez-vous brusquement. Tirez sa laisse vers le haut avec la main droite et dites : « Assis ! » Félicitez-le dès qu'il obéit.

**Debout :** Une fois de plus, avancez avec votre chien au pied, puis marquez une brusque halte. Tenez la laisse dans la main droite et placez la gauche sous le ventre de votre chien en lui intimant l'ordre « Debout ! ». Puis félicitez-le.

**Viens :** Apprenez à votre chien à revenir quand vous l'appelez dans un jardin ou un parc en vous aidant d'un sifflet, d'une longue laisse ou d'une laisse rétractable. Vous pouvez aussi l'attirer à l'aide de jouets ou de nourriture.

**Allez :** Une fois la séance de dressage terminée, dites : « Allez ! » à votre chien pour lui faire comprendre qu'il est libre. Vous pouvez alors jouer à un petit jeu avec lui.

# Quelques conseils

- Patience et persévérance sont les meilleurs atouts du dresseur.
- Ne pas confondre désobéissance et incompréhension.
- Un chien félicité obéira plus volontiers.

## Conseils avant de commencer

Commencez par dresser votre chien dans un jardin, une cour, une pièce calme de votre maison ou dans un lieu où rien ne pourra le déconcentrer. Ne changez pas d'endroit pendant les premières séances, du moins jusqu'à ce qu'il se soit mis à obéir à vos ordres. S'il fait des progrès rapides, proposez à certains membres de votre famille d'essayer de distraire un peu son attention. Cela vous obligera à réitérer vos ordres avec plus de fermeté et à veiller à ce qu'il soit vigilant.

Une fois qu'il a montré qu'il comprenait plus ou moins la signification de chaque ordre, tentez de le faire obéir aussi bien dans la rue que dans un parc ou d'autres lieux publics. Prenez toujours soin de le tenir en laisse lorsque vous êtes sur la route ou le trottoir.

Au départ, votre chien sera sûrement distrait. Vous devrez alors déployer de plus gros efforts pour retenir son attention. Il peut en effet trouver les choses qui l'entourent plus intéressantes que vous-même ou que les notions que vous tentez de lui inculquer. Cela dépendra aussi de ce qu'il aura déjà appris. Un grand nombre de maîtres abandonnent souvent à ce moment précis, car ils ont l'impression que leur chien régresse. Loin s'en faut pourtant ! Votre chien n'a rien oublié, mais se demande si, dans ces nouvelles circonstances, vous exigez toujours de lui qu'il continue à obéir. Donc, persévérez ! Au bout de quelques jours, il réagira de nouveau bien à vos ordres.

Dans un lieu public, des chiens peuvent accourir vers vous. Même animés des meilleures intentions du monde, ils sont parfois indisciplinés et n'obéissent pas beaucoup, voire pas du tout à leurs maîtres. En pareil cas, surtout lors des premières semaines de dressage, rappelez votre chien sans tarder et filez ailleurs. N'espérez pas lui apprendre quoi que ce soit s'il est entouré d'autres chiens.

Quand il marche au pied dans une rue, il paraît normal qu'il éprouve de la curiosité en voyant un chien passer à côté de lui. Poursuivez votre route en le félicitant s'il reste à vos côtés. S'il se précipite vers l'autre chien, tirez légèrement sur sa laisse. Il ne faut pas qu'il pense avoir le droit de faire ce qu'il veut dès qu'il aperçoit l'un de ses congénères. Vous pouvez bien sûr l'autoriser à faire la connaissance d'autres chiens et à jouer avec eux, mais uniquement au moment opportun. C'est tout à fait acceptable s'il vous obéit parfaitement.

Lorsque c'est la cas, lâchez un peu de lest. Laissez-le s'ébattre avec les autres chiens car il doit rester sociable et ne pas se défaire complètement de ses instincts naturels.

Il ne faut pas cependant qu'il coure après tous les chiens qu'il voit. Ceux qui poursuivent leurs congénères, quelles que soient leurs motivations, sont de véritables fléaux. Votre chien doit surtout s'intéresser à vous-même, c'est-à-dire à son dresseur, ou à celui qu'il considère comme son chef. Pour cela, jouez souvent avec lui au cours de vos promenades et félicite-le autant de fois qu'il le mérite. Et ne le faites pas revenir seulement quand il est temps de rentrer, sinon il va associer le rappel à la fin de la promenade et du jeu.

## Conseils de dressage

**1** Avant d'entamer le dressage de votre chien, assurez-vous d'avoir bien compris l'exercice que vous comptez lui faire faire. Ne commencez jamais si vous avez le moindre doute. Dans ce cas, vérifiez la marche à suivre en consultant à nouveau les indications données.

**2** Pour que votre chien soit motivé, il convient de le féliciter d'une voix agréable (ou bien de lui donner des récompenses). Souvenez-vous de cela tout au long du dressage. Peu de chiens ont besoin d'être souvent corrigés, il suffit de se montrer patient et de répéter les exercices en concluant chaque séance par des jeux.

**3** Si votre chien est dans un mauvais jour, essayez de rester calme. Pensez à ce que vous êtes en train de faire et à la façon dont vous vous y prenez avec lui. Tentez au moins de ne pas le laisser mener le jeu. Vous pouvez être sûr(e) que s'il fait des erreurs, c'est parce que votre message manque de clarté. Sa désobéissance n'est pas forcément délibérée.

**4** Durant le dressage, votre chien peut manifester du désintérêt. Dans ce cas, faites-lui faire un exercice qu'il apprécie et félicitez-le. Arrêtez un moment, jouez à un jeu court avec lui, puis reprenez la séance plus tard dans la journée.

**5** Lorsque vous l'exercez au rappel dans un lieu public, ne le laissez pas jouer avec les autres chiens car ils risquent de se prendre les pattes dans sa laisse. S'il y en a trop autour de vous, appelez votre chien, félicitez-le, puis attachez-le avec une laisse plus courte et partez ailleurs.

**6** N'oubliez pas que les chiens progressent plus ou moins vite en fonction de leur race et de leurs instincts.

**7** Dresser un chien que vous avez recueilli ou qui a de mauvaises habitudes, ou encore un chien déterminé à faire ce qu'il veut est certes possible, mais compliqué. Tout dépend de votre talent et de votre patience. Vous devez progressivement canaliser son énergie pour qu'il adopte le comportement souhaité. N'hésitez pas à asseoir votre autorité au moyen des exercices décrits au début de cet ouvrage.

CHAPITRE 7

# Marcher au pied

# Accorder son pas au vôtre

- Une fois que vous avez choisi un vocabulaire, conservez-le.
- Laissez un moment de silence entre deux ordres.
- N'enchaînez pas non plus trop vite la félicitation et l'ordre suivant.

Les chiens qui tirent sur leur laisse sont une guigne, surtout s'ils sont grands et costauds. Ils vous entraînent à leur suite, de façon déplaisante et dangereuse. Alors, ils sont souvent moins sortis que les autres chiens, car rares sont les membres de la famille qui parviennent à les retenir. Leur conduite retentit sur leur mode de vie. Certains propriétaires inventent des stratagèmes complexes pour pallier ce type de problème. Ils conduisent leur chien en voiture jusqu'à l'entrée d'un parc, puis le font sortir avec mille précautions pour ne pas le laisser s'échapper.

Ces chiens ne cherchent pourtant absolument pas à exaspérer leur maître. Ils sont inconscients de la situation dans laquelle vous vous retrouvez par leur faute. Pour eux, votre ton suppliant ou vos protestations furieuses ne comptent pas plus que des bruits de fond. Un grand nombre d'entre eux ont déjà été dressés, mais sans succès, pour toute une série de raisons. En effet, certains dresseurs usent de méthodes inefficaces et à tel point épuisantes pour les maîtres qu'ils ont souvent tendance à abandonner. Le programme de dressage proposé dans ce livre est, lui, tout à fait approprié car il commence par vous apprendre à communiquer avec votre chien. Sachez donc qu'habituer un chiot à marcher au pied ne comporte aucun risque, mais qu'il faut éviter de le tirer et de lui mettre un licou, un harnais ou un collier étrangleur.

Promener des chiens obéissants est un véritable plaisir.

## Les ordres : un nouveau langage

Le spectacle offert par un maître promenant son chien est parfois étonnant. Cela rappelle la façon dont certaines personnes tentent de communiquer avec un étranger en parlant plus fort. Les propriétaires de chiens appliquent souvent la même tactique. Or, les animaux comprennent seulement que le timbre de la voix de leur maître peut changer.

Pour plus de simplicité et de cohérence, bornez-vous à donner quelques ordres sommaires à votre chien, ceux qui vous semblent les plus appropriés. L'essentiel est qu'ils soient brefs, se réduisant de préférence à une seule syllabe. Félicitez-le d'une voix douce afin qu'il ne prenne pas un compliment pour un ordre. Il doit comprendre le mot « non » prononcé sur un ton ferme, sec et autoritaire. Ne lui dites pas constamment qu'il est un « bon chien », en vous interrompant pour donner des ordres comme « Au pied ! » et « Assis ! ». Cela risque de se révéler monotone pour lui, si bien qu'il aura du mal à comprendre ce que vous voulez. Dites-lui plutôt : « Au pied ! », puis avancez. S'il reste à vos côtés, murmurez : « Très bien » ou « Bon chien ! » Si, après quelques enjambées, il commence à vouloir trotter devant vous, réitérez l'ordre « Au pied ! » d'une voix ferme, en vous donnant en même temps une petite tape sur la cuisse. S'il revient à côté de vous, félicitez-le. Les silences entre les ordres permettent au chien de les distinguer des compliments et de les associer à des actions ou des positions particulières. Autrement dit, décidez des ordres que vous allez utiliser avant de commencer le dressage et n'en changez pas.

## DÉBUT DU DRESSAGE

**1**
Pour apprendre à votre chien à marcher au pied, il faut qu'il soit à votre gauche et que vous teniez sa laisse dans la main droite. Ainsi, vous pourrez vous donner une légère tape sur la jambe gauche pour inciter votre chien à rester au pied.

**2**
Une fois que vous êtes prêt(e), dites à votre chien : « Au pied ! » d'une voix ferme, et avancez.

**3**
Au départ, votre chien peut se précipiter devant vous. Dans ce cas, répétez : « Au pied ! » et félicitez-le d'une voix douce s'il se replace à côté de vous.

Se promener avec un chien qui tire en permanence sur sa laisse n'a rien de très amusant surtout lorsqu'il s'agit d'un vigoureux boxer. C'est fatigant et cela peut être dangereux. Il est donc vital d'apprendre à votre chien à marcher au pied.

**4**
Avec votre main gauche, donnez-vous une petite tape sur la jambe pour faire comprendre à votre chien que vous voulez qu'il reprenne sa position initiale.

**5**
Complimentez votre chien à la fin de l'exercice en lui disant qu'il est un « bon chien ».

# Apprentissage précoce

- Un chiot doit apprendre à porter le collier et être tenu en laisse.
- Jouets et gâteries gourmandes aident le chiot à marcher au pied.
- Pitié pour son cou : ne tirez jamais brusquement sur sa laisse !

Assurez-vous que votre chien a un collier et une laisse adaptés. Vous vous demandez peut-être pourquoi il doit se trouver à votre gauche alors que vous tenez naturellement sa laisse dans la main droite : tout simplement pour que vous puissiez utiliser votre main gauche, la droite serrant, elle, la laisse. Cette position n'a bien sûr rien d'impératif, mais sachez que votre chien sera moins troublé s'il marche toujours du même côté. Il faut surtout que vous soyez satisfait(e) de sa position par rapport à vous, même s'il se trouve à un mètre de vous. Certains chiens peuvent légèrement précéder leur maître quand leur laisse est longue, sans tirer dessus pour autant. Néanmoins, ça n'est pas idéal en ville, où il y a beaucoup de monde. Il est donc préférable que la tête de votre chien soit à peu près au niveau de votre corps, car cela vous permet de tourner dans n'importe quelle direction sans trébucher sur lui.

Commencez par le faire marcher au pied dans un jardin, une cour, une partie calme de votre maison ou dans un lieu où il ne risque pas d'être distrait. Les premières semaines, entraînez-vous au même endroit, jusqu'à ce qu'il ait pris l'habitude d'obéir.

## Faire marcher les chiots au pied

Les chiots tenus en laisse sont très malléables et apprennent à marcher au pied en l'espace de quelques semaines si vous vous y prenez comme il faut. Vous pouvez commencer à les dresser dès qu'ils ont 6 semaines. Je ne suis pas d'accord avec les personnes qui disent que c'est trop tôt, car au cours de ma carrière j'ai pu constater les effets positifs d'un apprentissage précoce. Dans un premier temps, faites marcher votre chiot au pied dans la maison, l'entrée, la cuisine et le jardin. Aucune séance ne doit excéder quelques minutes.

Un chiot n'a pas la moindre idée de ce que vous souhaitez et ne comprend pas qu'il n'a pas le droit de tirer sur sa laisse quand vous le promenez. Comment le saurait-il ? Les loups n'ont jamais porté de collier, ni été tenus en laisse, de même qu'ils n'ont jamais marché à la même cadence que l'homme. Cependant, une fois que votre chiot s'est habitué à porter un collier et à être tenu en laisse à l'intérieur de la maison, vous pouvez essayer de le faire marcher au pied. Ne donnez surtout pas de coup sec sur la laisse.

Cherchez plutôt à l'appâter. Motivez-le par une activité qui l'incitera à vous accorder son attention, et donnez-lui une récompense dès qu'il a obéi. Prenez, par exemple, une friandise ou un jouet musical et avancez en lui disant : « Au pied ! » Quand il se rue en avant, vous dépassant, tournez à droite en même temps que vous vous penchez en tendant votre main gauche, celle qui contient le jouet ou la friandise. Si votre chiot vous suit en regardant votre main, répétez : « Au pied ! », puis donnez-lui la récompense. Après avoir exécuté l'exercice dix fois ou plus, lancez le jouet pour finir par un jeu. Vous reprendrez l'exercice plus tard. Votre chiot sera dès lors plus attentif et obéira à l'ordre « Au pied ! ». Il aura en outre découvert qu'en restant à côté de vous, il peut recevoir une friandise ou un jouet.

Le chiot a tendance à paniquer lorsqu'on lui met un collier ou qu'on l'attache pour la première fois. Vous devez donc impérativement l'y habituer avant de commencer à le dresser. Autorisez-le à se promener en traînant sa laisse derrière lui lorsqu'il est en votre compagnie. Vous pouvez aussi la tenir et lui offrir des friandises pour qu'il reste près de vous. S'il fait un brusque mouvement en avant et que sa laisse se tend, lâchez-la immédiatement. Ainsi il ne se sentira plus freiné dans son élan. Dès qu'il s'est calmé, reprenez sa laisse et flânez dans la pièce avec lui. Répétez cet exercice assez souvent afin de l'accoutumer à marcher en laisse.

## PROMENER UN CHIOT EN LAISSE

Au début, munissez-vous d'un morceau de nourriture ou d'un jouet musical pour pouvoir le récompenser s'il obéit. L'appât vous permettra en outre d'attirer son attention au cours de l'exercice. Il est recommandé de tenir la laisse dans la main gauche, mais il n'y a rien de mal à déroger aux règles de temps à autre, lorsque cela vous semble utile.

Dites : **« AU PIED ! »**

Répétez : **« AU PIED ! »**

## ENTRAÎNEMENT SANS LAISSE

**1**
Il est aussi possible de faire marcher au pied un chiot plus âgé sans l'attacher.

Dites : **« AU PIED ! »**

**2**
Dites-lui : « Au pied » quand il marche à côté de vous.

**3**
S'il commence à s'écarter ou à être moins concentré, tournez à droite en vous penchant légèrement en avant, de façon à lui offrir le morceau de nourriture ou la friandise que vous tenez entre les doigts de votre main gauche.

**4**
Lorsque le chiot vous suit, répétez encore une fois : « Au pied ! », pour qu'il associe l'ordre à l'action qu'il effectue.

Répétez : **« AU PIED ! »**

**5**
Pour finir, félicitez-le et jouez avec lui pour lui donner l'impression que l'exercice est un amusement.

# Notions de base

- Le chien marche avec la tête à la hauteur de votre jambe.
- Un coup sec sur la laisse s'il tire et accélère le pas.
- L'attention mutuelle est le secret de la réussite.

## Marcher au pied et tourner

Intéressons-nous à présent au chien adulte et aux notions de base qu'il convient de lui inculquer pour qu'il marche tranquillement à vos côtés. Cela doit vous permettre de vous promener ensemble dans un environnement urbain, en vous frayant un chemin au milieu d'une foule qui ne remarque pas forcément la présence de votre chien.

Par conséquent, il est important que ce dernier apprenne à rester près de votre jambe gauche où que vous alliez. À cet effet, vous devrez recourir à tout un ensemble de mouvements précis. Pour parler plus simplement, il vous faudra communiquer avec votre chien au moyen de signaux, de paroles et de gestes pour rendre vos intentions plus claires. Vous utiliserez vos bras, vos jambes et votre corps pour le guider et l'inciter à vous suivre sans tirer sur sa laisse et sans vous faire trébucher en se mettant en travers de votre chemin.

Votre chien doit apprendre à ne pas vous quitter des yeux, à former une équipe avec vous. Lorsque vous vous promenez en discutant avec un ami, vous marchez au même rythme que lui. Vous vous y êtes habitué naturellement en grandissant. Le chien, lui, n'a pas la moindre conscience de tout cela. Or, il faudra qu'il adopte une conduite similaire à la vôtre en un laps de temps extrêmement court.

## Avancer en marchant au pied

Faites d'abord asseoir votre chien près de votre jambe gauche. Avec votre main droite, raccourcissez sa laisse sans la tendre. Si elle mesure 2 mètres de long, enroulez-la. Vous n'aurez besoin de votre main gauche que si votre chien se rue en avant. Une fois que vous êtes prêt(e), avancez en vous frappant légèrement la jambe gauche avec la main gauche en disant : « Au pied ! » Si votre chien tire sur sa laisse, répétez : « Au pied ! », puis frappez votre cuisse gauche. Félicitez votre chien s'il reprend sa place à côté de vous.

S'il ne revient pas malgré l'appât d'une friandise, donnez un petit coup sec sur sa laisse pour réclamer son attention. Empoignez-la avec vos deux mains, tirez légèrement dessus, puis relâchez immédiatement. Ne tirez pas votre chien en arrière. Cette brusque

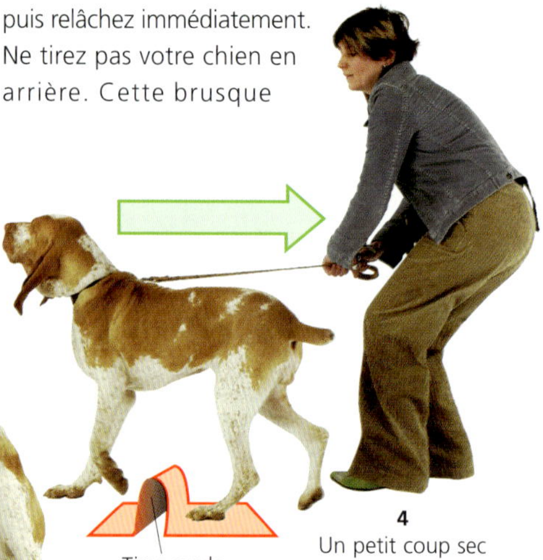

Tirez sur la laisse.

**4**
Un petit coup sec devrait suffire. Relâchez tout de suite la laisse.

**5**
Cet avertissement a eu l'effet recherché pour la plus grande joie du maître et du chien.

secousse a seulement pour but de l'interrompre. Ne durant pas plus d'un dixième de seconde, elle doit l'arrêter instantanément. À ce moment, dites-lui de nouveau : « Au pied ! »et encouragez-le avec entrain à revenir près de vous. S'il s'exécute, ne lésinez pas sur les compliments et les caresses. S'il tire vraiment beaucoup, arrêtez-vous et ordonnez-lui de s'asseoir. Faites une pause, puis avancez à nouveau. N'oubliez pas que les techniques décrites plus loin lui apprendront également à ne pas tirer sur sa laisse. Quand vous les aurez toutes combinées au cours d'une promenade, votre chien comprendra qu'il doit être attentif à vos mouvements car il est incapable de prédire vos soudains changements de direction. Or, pour qu'il ne vous perde jamais de vue, il faut qu'il soit placé à côté de vous.

## S'HABITUER À LA LAISSE

**1**
Commencez par marcher avec votre chien à votre gauche, puis frappez-vous la cuisse gauche en disant : « Au pied ! »

**2**
Si votre chien vous dépasse, dites-lui : « Au pied ! » et frappez-vous une seconde fois la cuisse.

**3**
Si votre chien n'a pas la réaction attendue et continue de tirer sur sa laisse, saisissez cette dernière avec vos mains et tirez légèrement dessus.

## ENTRAÎNEMENT

Pour faire comprendre un message à un chien qui apprend à marcher au pied, son maître doit répéter les mêmes ordres, se donner de petites tapes sur la jambe et avoir recours à des gestes significatifs. Vous pouvez utiliser une laisse de 2 mètres, que vous raccourcirez si nécessaire pendant l'exercice.

Lorsque l'exercice se passe bien, maître et chien fonctionnent comme une équipe ; chacun est à la fois conscient et responsable de l'autre.

# Rotation à gauche

## Rotation à gauche (sans risque pour les chiots)

Marchez droit devant vous, puis tournez à gauche devant votre chien. En pivotant sur votre pied gauche, servez-vous de votre genou droit pour guider votre chien vers la gauche. Rapprochez également votre main gauche de la droite sur sa laisse afin de l'empoigner et de la tirer vers le haut. Une fois que vous avez tourné à gauche, enroulez la laisse avec votre main droite pour la raccourcir. Puis, avec votre main gauche à nouveau libre, frappez-vous légèrement la jambe gauche pour attirer votre chien vers vous. Les chiens inattentifs sont souvent surpris par cette brusque rotation. Cependant, ils apprennent vite à regarder ce que vous faites et à oublier leurs préoccupations. Pour les intéresser, n'hésitez pas à afficher un air enthousiaste et à faire des mouvements rapides. Tout cela doit les encourager à tourner rapidement ou à trotter vers vous quand vous changez de direction. Il faut qu'ils assimilent ces rotations à un jeu.

## Rotations avec un petit chien

Vous pouvez utiliser votre genou pour guider un chien grand ou de taille moyenne dans le bon sens et l'amener à changer de direction en même temps que vous. En revanche, ce sera impossible avec un petit chien, car sa tête sera trop proche du sol.

Par conséquent, gesticulez, frappez votre jambe et adoptez un ton enthousiaste pour le pousser à vous suivre. Vous pouvez aussi l'obliger à l'aide de votre pied droit à marquer un court temps d'arrêt lorsque vous pivotez.

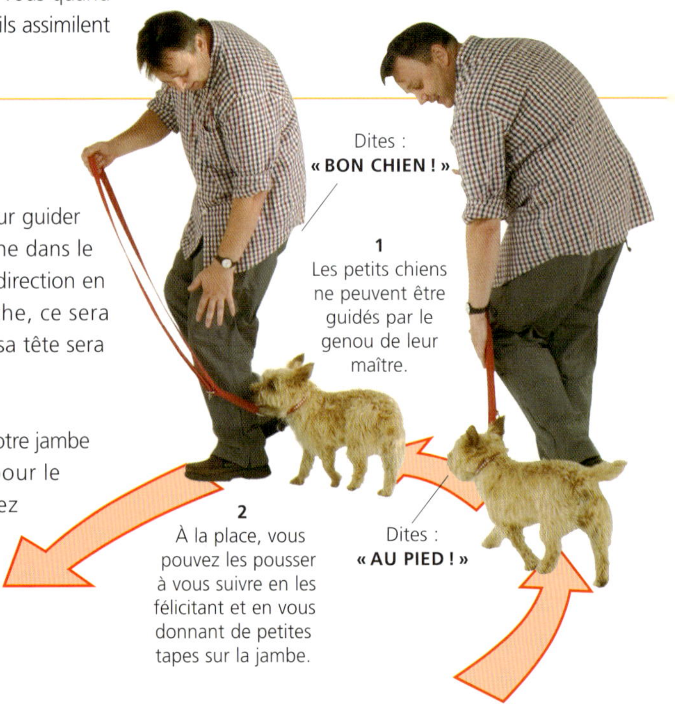


**1** Les petits chiens ne peuvent être guidés par le genou de leur maître.

**2** À la place, vous pouvez les pousser à vous suivre en les félicitant et en vous donnant de petites tapes sur la jambe.

**1**
Pour tourner à gauche, pivotez sur votre jambe gauche en levant le genou droit très haut et en le dirigeant vers la tête de votre chien.

**2**
Une fois que le chien bouge dans la direction souhaitée, flattez-le avec votre main gauche ou donnez-vous une petite tape sur le genou pour l'inciter à rester près de ce dernier.

Dites :
**« BON CHIEN ! »**

Vos mouvements doivent être résolus et fermes.

Dites :
**« AU PIED ! »**

**2**
Lorsque vous pivoterez, votre chien s'arrêtera.

**1**
Vous effectuez cette fois une rotation complète.

## Demi-tour à gauche (sans risque pour les chiots)

Commencez comme si vous alliez tourner à gauche, mais, au lieu d'effectuer une rotation à 90 degrés, pivotez de 180 degrés pour vous retrouver dans la direction opposée. Dites : « Au pied ! » en commençant à tourner. C'est un excellent moyen de lui faire comprendre qu'il ne doit pas tirer sur sa laisse, mais vous regarder. Lorsque vous vous remettez à marcher en sens inverse, félicitez votre chien d'être resté à côté de vous. S'il est grand, guidez-le avec votre genou droit pour l'inciter à marquer une courte pause lorsque vous faites demi-tour et repartez dans la direction opposée. Donnez vos ordres d'un ton sec. Si vous manquez de vivacité, votre chien ne sera pas attentif.

# Rotation à droite

- N'abusez pas des coups secs sur la laisse, ils perdraient tout leur sens.
- Testez l'attention de votre chien en effectuant de brusques demi-tours.
- Les félicitations sont la confirmation d'un mouvement bien exécuté.

## Rotation à droite (sans risque pour les chiots)

Allez tout droit, puis tournez brusquement à droite en pivotant sur votre pied gauche et en faisant un grand pas avec la jambe droite. Penchez-vous et posez votre main gauche près de la droite sur la laisse. Abaissez celle-ci pour qu'elle ne soit pas tendue quand vous tournez. Votre chien risque en effet de filer sans remarquer votre changement de direction. S'il s'en aperçoit et tourne également, félicitez-le avec enthousiasme une fois qu'il a repris sa position à votre gauche. Après vous être redressé(e) et remis(e) à marcher, déroulez la laisse avec votre main gauche. Veillez à ce qu'elle soit lâche sans être trop longue, sinon vous ne parviendrez pas à freiner rapidement votre chien s'il se rue en avant. Les chiens attentifs sont rarement surpris par cette brusque rotation à droite et apprennent vite à redoubler de vigilance, faisant attention au moindre de vos mouvements. Prenez un ton joyeux et énergique pour attirer l'attention du vôtre et l'encourager à reprendre sa place à votre gauche. Quand vous marchez de nouveau normalement avec votre chien au pied, cessez de parler. Félicitez-le de temps à autre parce qu'il reste à côté de vous.

## Demi-tour à droite (sans risque pour les chiots)

Au départ, donnez l'impression que vous allez tourner à droite, mais, au lieu de cela, effectuez un demi-tour à 180 degrés pour repartir en sens inverse. Si votre chien n'est pas attentif, il avancera dans la direction opposée à la vôtre. Seul le mouvement de la laisse lui indiquera le changement de direction. En commençant à tourner, dites-lui : « Au pied ! » pour l'inciter à tourner aussi. N'oubliez pas de le féliciter chaleureusement s'il vous suit et reste à côté de vous.

Les friandises sont très utiles pour attirer l'attention de votre chien et l'inciter à tourner avec vous.

**Conseils de dressage**

- Chaque fois que vous tournez, dites : « Au pied ! » à votre chien. Cela l'avertira que vous êtes sur le point de changer de direction.
- Félicitez-le en lui murmurant : « Très bien ! » s'il reste à côté de vous lorsque vous tournez. Appâtez-le avec de la nourriture ou un jouet.
- Si vous voulez le rappeler à l'ordre, donnez un coup sec sur sa laisse. Ne le tirez pas vers vous à tout bout de champ.
- Si vous utilisez une friandise pour le récompenser, veillez à ce qu'elle soit facilement accessible. Mettez-la dans votre poche gauche ou dans une banane.
- Utilisez toujours le contact physique pour attirer l'attention de votre chien et félicitez-le lorsqu'il obéit.
- S'il est très gourmand, appâtez-le avec des friandises. S'il est joueur, remplacez celles-ci par un jouet musical.

## …TATION À DROITE

…d gauche. Ce changement de direction …re chien. Par conséquent, penchez-vous …nant et sans lever les mains, afin que …e soit suffisamment longue.

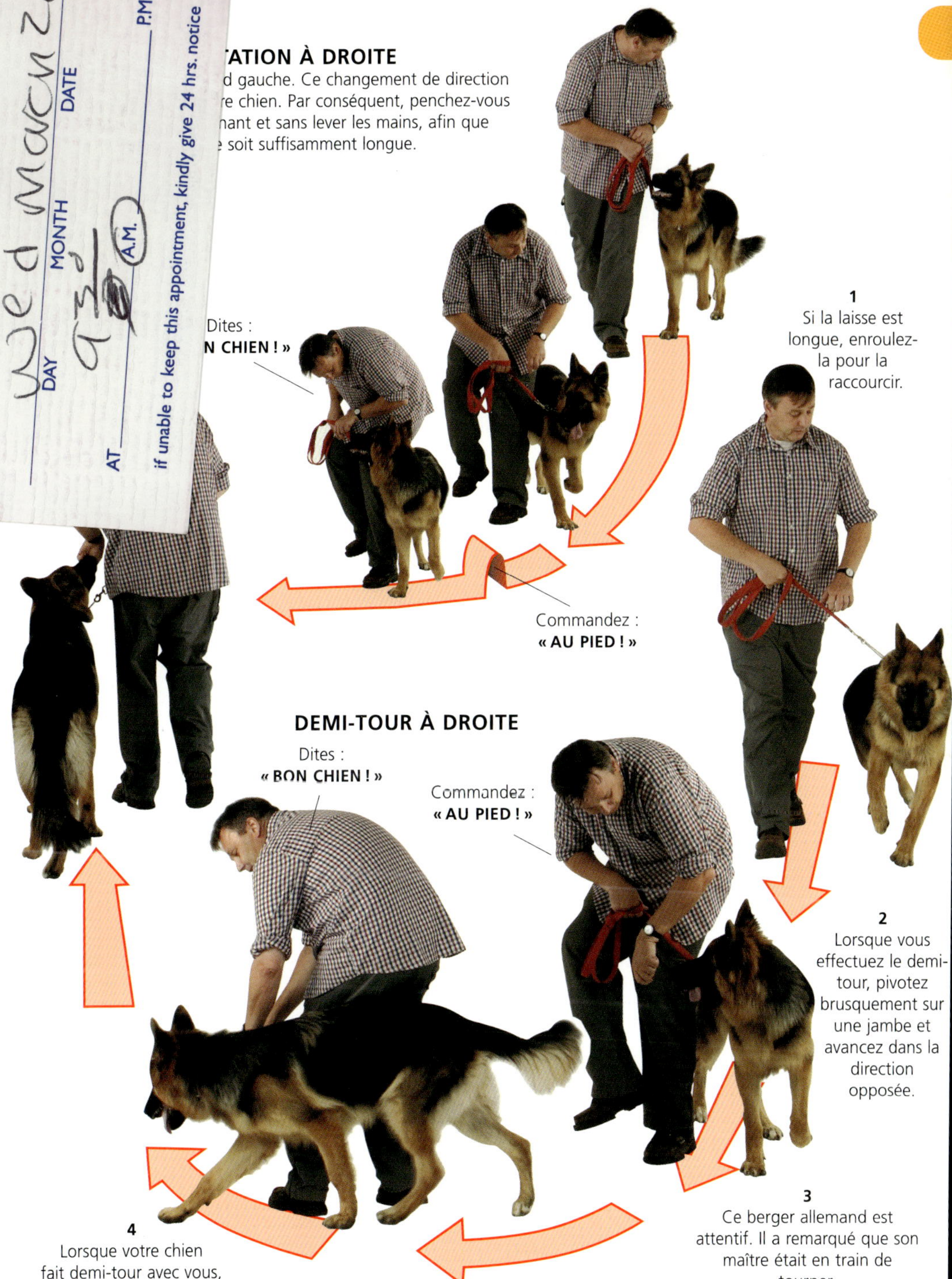


**1**
Si la laisse est longue, enroulez-la pour la raccourcir.

## DEMI-TOUR À DROITE



**2**
Lorsque vous effectuez le demi-tour, pivotez brusquement sur une jambe et avancez dans la direction opposée.

**3**
Ce berger allemand est attentif. Il a remarqué que son maître était en train de tourner.

**4**
Lorsque votre chien fait demi-tour avec vous, n'oubliez pas de le féliciter.

# Exercez votre chien à marcher au pied

- Sachez parfois être plus intéressant(e) que les chiens qui surviennent.
- Au cours d'un exercice, maître et chien se surveillent mutuellement.
- Votre chien adore que vous lui fassiez un peu de cinéma.

**1**
Si votre chien est derrière vous pendant les exercices, résistez à la tentation de le tirer pour qu'il vous rejoigne.

**2**
Au lieu de cela, encouragez-le à vous rejoindre en vous donnant quelques tapes sur la jambe et en le flattant.

Dites :
**« BON CHIEN ! »**

**3**
Voilà qui est parfait ! Le chien marche au pied, au même rythme que son maître.

Lorsque vous lui aurez appris à tourner et à faire demi-tour en restant près de vous, de préférence dans votre jardin ou chez vous, votre chien en viendra à apprécier cet exercice et à guetter le moindre de vos mouvements. Il vous suivra, ravi de marcher à vos côtés sans que sa laisse soit tendue.

## Présence d'autres chiens

Ensuite, vous devrez habituer votre chien à rester près de vous dans la rue, dans les parcs ou les autres lieux publics. Au départ, il sera forcément distrait. Vous devrez donc déployer des efforts supplémentaires pour attirer son attention. Peut-être rencontrera-t-il sur son chemin des choses qui l'intéresseront davantage que ce que vous tentez de lui apprendre. Un grand nombre de maîtres laissent tout tomber à ce moment-là. Lorsque votre chien marche au pied dans la rue, il est naturel qu'il manifeste de la curiosité quand d'autres chiens passent devant lui. Ne vous arrêtez pas. Continuez à avancer et, s'il reste près de vous, félicitez-le. Offrez-lui une friandise pour le retenir à vos côtés ou tirez légèrement sur sa laisse s'il a tendance à poursuivre ses congénères.

Cependant, ne faites jamais cela avec un chiot. Parcourez plutôt quelques mètres en courant. La plupart des chiens trouvent cela très excitant et préfèrent suivre leur maître. N'hésitez pas à faire un peu de cinéma ! Il ne faut pas que votre chien s'imagine qu'il ne doit plus vous écouter dès qu'il aperçoit un de ses congénères. Bien sûr, vous pouvez l'autoriser à faire la connaissance d'autres chiens et à jouer avec eux au moment voulu, tant que vous le contrôlez. Mais si vous croyez qu'en vous arrêtant et en le laissant flairer tous les chiens qui passent, il sera plus attentif par la suite, vous vous leurrez. Il comprendra simplement que vous stoppez dès qu'un chien s'approche de lui. Avec un chien adulte, essayez une autre technique : s'il tire sur sa laisse, arrêtez-vous, dites : « Assis ! » et ne bougez plus tant qu'il ne s'est pas calmé. J'ai fait cela une centaine de fois avec un labrador le long d'une route, jusqu'à ce qu'il finisse par réaliser qu'il suffisait qu'il tire pour que je m'arrête. Il faut de la patience et beaucoup de persévérance. Si votre chien traîne, ne le tirez surtout pas, mais encouragez-le par la voix à rester à côté de vous.

## Rendre un chien vigilant

Il est essentiel que votre chien devienne attentif à ce que vous faites. À vous de découvrir le moyen d'attirer son attention en permanence pendant que vous le promenez. En fait, vous devez vous surveiller mutuellement. Si votre chien tire sur sa laisse et vous ignore, il vous faut repartir de zéro, c'est-à-dire reprendre avec lui les exercices vus au chapitre 2, pendant au moins 1 semaine, afin d'affirmer votre statut de chef. Après cela, il sera plus enclin à vous écouter et attentif aux ordres que vous lui donnerez en cours de dressage.

## Marcher au pied dans une maison

Aussi étrange que cela puisse paraître, dans un premier temps, faire marcher son chien au pied chez soi est une très bonne idée. La plupart des chiens sont excités à la seule vue de leur laisse. Profitez donc de sa réaction enthousiaste. Mettez-lui son collier, sa laisse et promenez-vous. S'il est gourmand, munissez-vous de petits morceaux de fromage ou de jambon. Il se trouve à votre gauche et vous tenez sa laisse dans la main droite. Utilisez votre main gauche pour lui donner la nourriture. À cette fin, portez si possible un vêtement aux amples poches. Dites à votre chien : « Au pied ! » et avancez. Répétez cet ordre au moment où vous tournez à gauche et à droite, ainsi que lorsque vous faites demi-tour à gauche ou à droite. Si votre chien reste près de vous, offrez-lui une friandise. S'il vous dépasse et tire sur sa laisse, faites demi-tour en vous penchant en avant et placez un aliment juste sous sa truffe. Attirez-le à votre gauche. Donnez-lui la récompense en lui disant : « Au pied ! », puis félicitez-le en lui disant qu'il est un bon chien. Soyez théâtral(e) ! Il faut éviter la monotonie.

**1** Vous pouvez exercer votre chien à marcher au pied chez vous. Faites-le tourner et faire demi-tour en restant près de vous.

**2** Servez-vous de votre main gauche pour lui donner des récompenses.

**3** Lorsque vous l'exercez ainsi, tournez tantôt à gauche, tantôt à droite.

# Dressage au jardin

- Un petit coup sec sur la laisse n'est qu'un avertissement.
- Tout nouveau mouvement suscite l'intérêt du chien.
- Votre aisance à tourner lui donnera de l'assurance.

## Dressage au jardin (sans risque pour les chiots)

Si vous avez un jardin, effectuez-y les exercices décrits. Faites suivre à votre chien des itinéraires carrés ou circulaires, que vous enchaînerez. Veillez à ce qu'il soit attentif ; à cet effet, n'oubliez pas de vous frapper la jambe gauche et de le féliciter lorsqu'il est presque dans la position souhaitée. Ne le flattez que quand il est près de vous ou se tient au pied.

Dans les grandes pièces et les vastes jardins, s'il semble moins attentif ou manifeste le désir de flairer une odeur alléchante, mettez-vous à trotter ou à courir ; cela suscitera peut-être son intérêt. Parcourez ainsi quelques mètres, puis remettez-vous à marcher dès qu'il se retrouve à côté de vous. S'il s'écarte, tournez brusquement à droite en laissant filer sa laisse et en lui donnant l'ordre « Au pied ! ». S'il ne tourne pas, tirez légèrement sur sa laisse pour attirer son attention, mais ne le ramenez pas vers vous. Ce petit coup sec n'est qu'un avertissement. Lorsque votre chien aura remarqué que vous avez changé de direction et aura entendu votre ordre, il suivra. Ayez un ton plein d'entrain ou offrez-lui une friandise pour l'attirer à vous. Puis reprenez votre promenade.

Si vous effectuez plusieurs fois cet exercice, votre chien finira par comprendre qu'en restant à côté de vous, il obtiendra une récompense. Et que, s'il vous perd de vue, vous pouvez tourner brusquement. Il vous suffira de tirer légèrement sur sa laisse pour l'avertir du changement de direction.

À la fin de chaque séance, rentrez chez vous, détachez votre chien et détendez-vous.

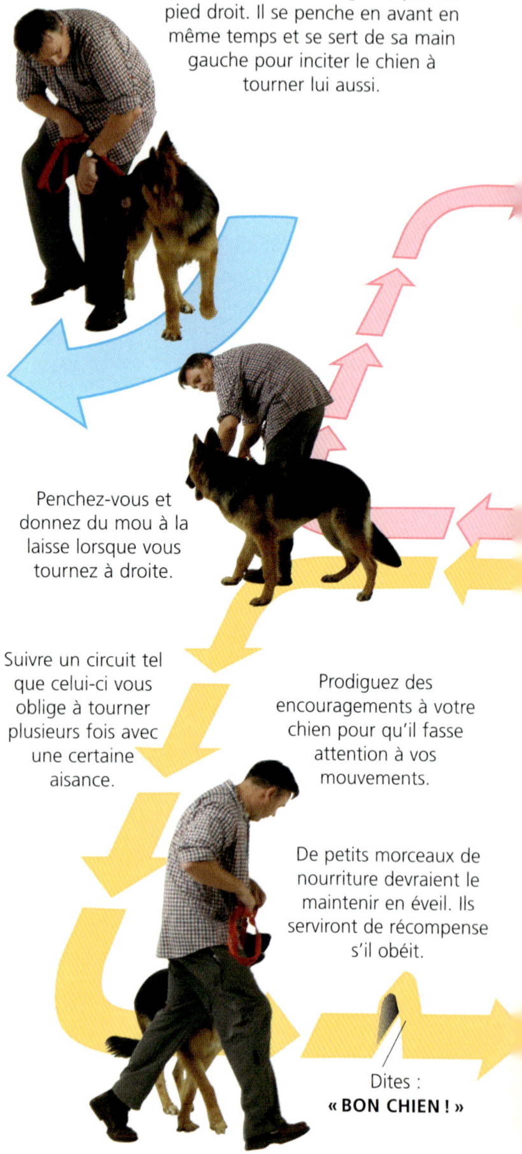

## ROTATION À GAUCHE

Pivotez sur votre jambe gauche. Levez en même temps le genou droit pour souligner le fait que vous changez de direction.

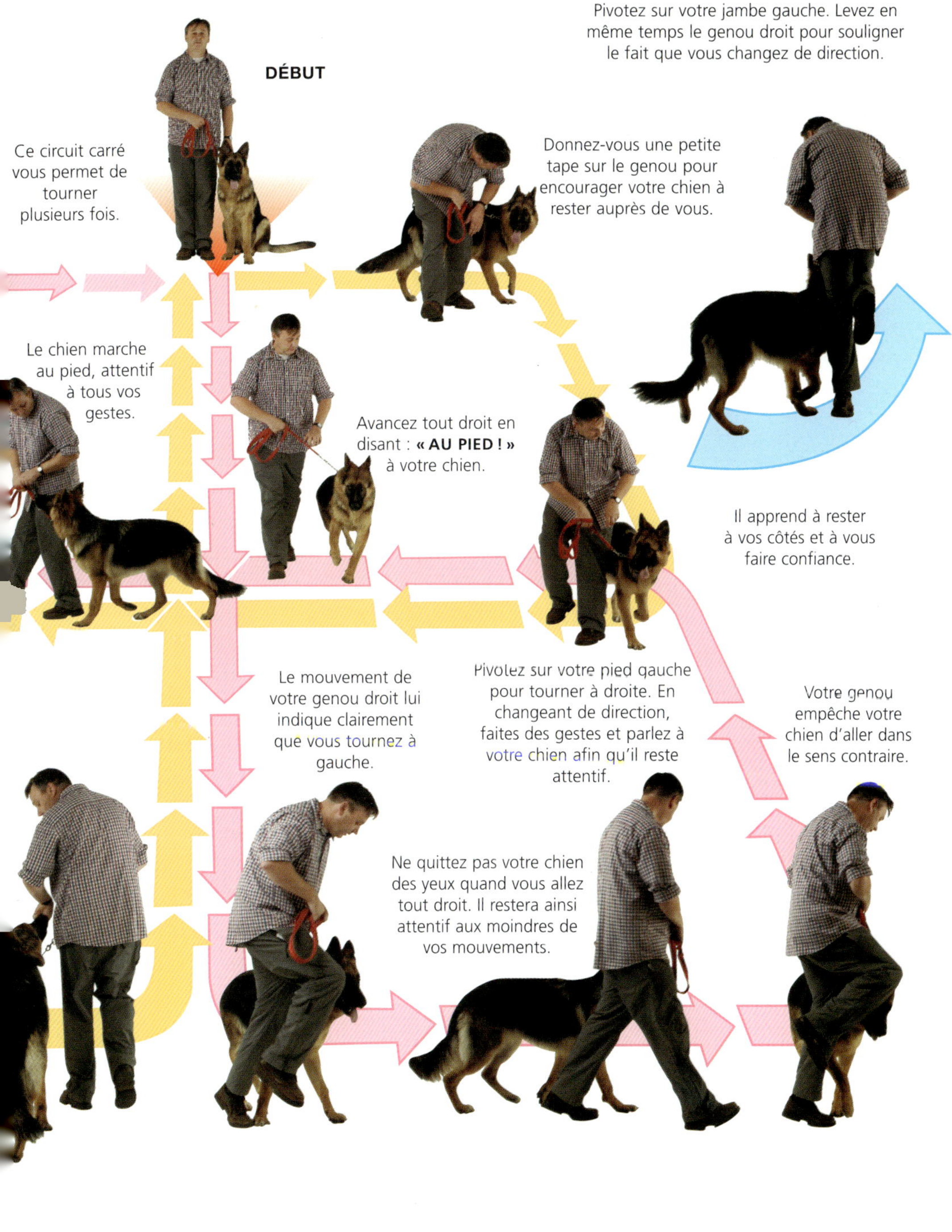


Ce circuit carré vous permet de tourner plusieurs fois.

Donnez-vous une petite tape sur le genou pour encourager votre chien à rester auprès de vous.

Le chien marche au pied, attentif à tous vos gestes.

Avancez tout droit en disant : **« AU PIED ! »** à votre chien.

Il apprend à rester à vos côtés et à vous faire confiance.

Le mouvement de votre genou droit lui indique clairement que vous tournez à gauche.

Pivotez sur votre pied gauche pour tourner à droite. En changeant de direction, faites des gestes et parlez à votre chien afin qu'il reste attentif.

Votre genou empêche votre chien d'aller dans le sens contraire.

Ne quittez pas votre chien des yeux quand vous allez tout droit. Il restera ainsi attentif aux moindres de vos mouvements.

# Dans la rue

- C'est par la répétition que le chien apprend à répondre à vos ordres.
- Tirez profit des limites « naturelles » de l'espace où vous évoluez.
- Chaque exercice ressemble à un jeu, dont le chien découvre les règles.

**Ci-dessus :** Marchez le long d'une clôture pour empêcher votre chien de trop s'éloigner sur le côté. Vous pourrez, de plus, glisser la poignée de sa laisse sur un pieu et le faire asseoir pour vous reposer.

## Marcher au pied dans la rue

Il est également important d'apprendre à votre chien à marcher au pied pour aller de chez vous jusqu'à un parc ou pour vous promener en ville. Si votre chien s'écarte trop sur le côté ou n'est pas très attentif, longez les murs ou les clôtures afin de l'en empêcher. S'il est trop en avant, faites demi-tour en lui intimant l'ordre « Au pied ! » et attirez-le au moyen d'une friandise ou d'un jouet musical : la plupart des chiens s'approchent aussitôt, appâtés par la perspective d'une récompense et de félicitations.

Si le vôtre demeure impassible, tirez légèrement sur sa laisse pendant une fraction de seconde. Il ne s'agit pas de le ramener de force vers vous. Ce petit coup sec n'a pas d'autre but que d'éveiller son intérêt. Lorsqu'un chien ressent cette secousse, généralement, il regarde son maître. À ce moment-là, ordonnez-lui de venir au pied et donnez-vous une

**3**
Le bruit incite le chien à changer de direction et à tourner lui aussi.

**4**
Félicitez votre chien s'il reste à votre gauche.

petite tape sur la cuisse en vous penchant. Lorsqu'il est de nouveau à votre hauteur, manifestez de l'enthousiasme pour qu'il assimile tout cela à un jeu. Dès qu'il tirera à nouveau sur sa laisse, faites demi-tour. Ces répétitions lui feront comprendre quelle doit être sa position par rapport à vous.

Lorsque vous vous approchez du bord des trottoirs, des carrefours, ou lorsque vous avez besoin de vous arrêter, ordonnez à votre chien de rester assis ou debout (voir prochain chapitre).

### Quelques conseils

■ Changez votre itinéraire de promenade aussi souvent que possible. Les chiens qui ne peuvent prévoir la direction que vous allez prendre ont moins tendance à tirer.

■ Si votre chien est particulièrement indiscipliné, arrêtez-vous et ordonnez-lui de s'asseoir. Si nécessaire, faites une pause près d'une barrière ou d'une balustrade à laquelle vous pourrez fixer la poignée de sa laisse. Vous pourrez ainsi souffler un peu et rassembler vos esprits. Votre chien sera en outre impressionné par votre fermeté. Il ne remarquera pas forcément que sa laisse est accrochée à un poteau.

■ Faites constamment des demi-tours à droite ou à gauche quand vous vous promenez le long des trottoirs. Ordonnez fréquemment à votre chien de s'asseoir pour lui apprendre que la promenade exige qu'il obéisse à certaines règles de conduite, et peut donner lieu à des récompenses. Les chiens préfèrent que vous leur fassiez des compliments, leur donniez des friandises et ayez l'air détendu.

■ Si, dans un parc ou un jardin, votre chien en a assez de marcher au pied, prenez son jouet préféré et lancez-le pour qu'il le rapporte. Cela le détendra et l'amusera après une séance d'exercices. Il associera de surcroît cette dernière au jeu.

## INCITER SON CHIEN À TOURNER

**1**
Si votre chien tire sur sa laisse ou s'écarte trop sur le côté, attirez-le près de vous avec son jouet préféré.

Dites :
**« AU PIED ! »**

**2**
Pressez le jouet pour éveiller son intérêt. Sur ces photographies, la maîtresse du chien tient la laisse dans la main gauche, car elle préfère manipuler le jouet musical de la main droite.

# Promenades en voiture

- Calmer son impatience avant de monter en voiture.
- S'éloigner un peu s'il est trop excité.
- C'est le maître et non le chien qui décide du bon moment pour y aller.

**1**
Pas de bousculades ! Votre chien doit marcher calmement au pied jusqu'à la voiture.

**2**
Dites-lui : « Assis ! » lorsque vous arrivez à proximité. S'il obéit, ouvrez la portière.

## Habituer le chien à la voiture

La plupart des chiens aiment la voiture, mais deviennent parfois complètement surexcités au moment de monter dedans. Dans les pages qui suivent, vous trouverez des solutions pour remédier à ce problème. Avant de quitter votre maison, vérifiez que la portière de votre voiture est bien fermée, mais non verrouillée afin de pouvoir l'ouvrir facilement au moment voulu. Approchez-vous de votre véhicule, puis faites soudain demi-tour et rentrez chez vous. N'ouvrez pas toujours la même portière, et faites parfois entrer votre chien par le coffre. Au moment où il s'apprête à bondir à l'intérieur, ordonnez-lui de se mettre au pied en vous donnant une légère tape sur la jambe gauche. Éloignez-vous de la voiture. Répétez cet exercice trois ou quatre fois jusqu'à ce que votre chien se soit calmé. Faites cela plusieurs fois pendant la semaine pour l'apaiser s'il est trop excité.

Garez si possible votre voiture près d'un poteau, d'une barrière ou d'une grille basse pour pouvoir y attacher la laisse de votre chien. Ce dernier se retrouvera ainsi près de la voiture sans pouvoir monter dedans. S'il tire, dites : « Assis ! ». Attendez une minute. Félicitez-le s'il s'est exécuté, mais ignorez-le dès qu'il s'excite. Ne reprenez sa laisse que lorsqu'il s'est parfaitement calmé. Au bout de quelques jours, quand le même scénario se sera répété plusieurs fois, votre chien commencera à réaliser qu'il ne doit pas tirer pour monter dans la voiture. N'oubliez pas de le faire asseoir à proximité. Vous pouvez aussi vous éloigner de la voiture avec lui afin de lui apprendre à rester patient. Faites-le pénétrer à l'intérieur seulement, une fois qu'il est assis et après lui avoir dit : « Monte ! »

**Ci-contre (1-4) :** Si votre chien devient surexcité dès que vous vous approchez de la voiture, déconcertez-le. Au moment où vous êtes sur le point d'ouvrir la portière, faites demi-tour en donnant l'ordre : « Au pied ! » et éloignez-vous. Faites cela plusieurs fois de suite. Votre chien devrait se calmer, car il ne saura plus quand vous allez vraiment ouvrir la portière.

**3**

S'il s'assoit quand vous l'ouvrez, dites-lui : « Monte ! » Refermez-la si, en revanche, il essaie de monter avant que vous lui en ayez donné l'ordre.

**4**

Il doit entrer dans la voiture uniquement sur votre ordre. De temps à autre, faites-le sortir et recommencez l'opération. Mieux vaut qu'il ne puisse pas deviner vos intentions.

# Promenades en voiture (suite)

- Pas question de le laisser se ruer dehors sitôt la portière ouverte !
- Sorti de la voiture, le chien doit commencer par attendre assis.
- Poussez une poussette de la main droite et tenez la laisse de la gauche.

1
Essayez de garder le contrôle de la situation quand vous faites sortir votre chien de votre voiture.

2
Ouvrez la portière et dites à votre chien : «Assis ! » Choisissez le moment qui vous semble opportun pour le faire sortir.

## Faire sortir le chien de la voiture

Si votre chien est surexcité, surtout s'il est grand et fort, attachez sa laisse à un crochet ou à une poignée à l'intérieur de votre voiture afin qu'il ne puisse pas sauter dès que vous ouvrez la portière. Dites-lui : « Assis ! » Tenez la portière ouverte, puis décrochez doucement sa laisse et, quand vous êtes prêt(e), faites-le sortir en disant : « Viens ! ». Dès que ses pattes de devant ont touché le sol, raccourcissez sa laisse en la tirant vers le haut afin de mieux contrôler les mouvements de votre chien. Mais ne la tendez pas. Utilisez les méthodes que vous connaissez déjà pour faire asseoir le chien. Placez-le à votre gauche et dites-lui : « Au pied ! », puis Faites-le de nouveau s'asseoir. Ne le détachez pas sitôt arrivé au parc. Parcourez au moins 100 mètres, puis ordonnez-lui de s'asseoir. Attendez 1 minute avant de le lâcher en disant : « Allez ! ». Laisser votre chien filer tout de suite ne ferait que le renforcer dans l'idée qu'il peut s'ébattre librement quand cela lui plaît.

## Promenade avec une poussette

Si votre chien marche au pied sans tirer, pourquoi ne pas le promener en même temps que votre bébé ou votre jeune enfant ? Cela permettra d'établir de bons rapports entre eux.

La première règle consiste à marcher avec votre chien à votre gauche. Au début, faites l'essai sur une centaine de mètres avec une poussette vide afin de l'habituer au bruit et à l'aspect de cet objet qui ne lui est pas familier. Dites : « Au pied ! » comme si de rien n'était. Observez ses réactions, encouragez-le et offrez-lui des morceaux de nourriture s'il semble effarouché. Ne mettez votre enfant dans la poussette que lorsque votre chien est capable de marcher à côté de celle-ci. Poussez alors la poussette avec la main droite, en tenant la laisse dans la gauche. Les chiens s'habituent très rapidement à vous voir manœuvrer et adaptent leur démarche à votre rythme afin d'aller à la même vitesse que vous.

3
S'il reste calme, prenez (ou décrochez) sa laisse et dites-lui : « Viens ! »

4
Faites-le asseoir dès qu'il est sorti. Ne vous mettez à marcher qu'au moment voulu.

## SE PROMENER AVEC UNE POUSSETTE

Il est bon d'habituer votre chien à marcher à côté d'une poussette vide avant de recommencer avec cette fois votre enfant dedans. Tenez le landau ou la poussette avec une main, et la laisse dans l'autre. Une fois que votre chien sera accoutumé à ce type de promenade, vous pourrez tenir sa laisse dans n'importe laquelle. Félicitez-le quand il marche calmement à côté de vous.

Dites : **« BON CHIEN ! »**

Cette scène illustre l'importance d'habituer un chien à marcher au pied. Imaginez les difficultés de cette maman s'il se met à tirer.

**Récapitulatif**

- Dites à votre chien : « Au pied ! » quand vous changez de direction ou voulez qu'il reste à côté de vous.
- Présentez-lui un petit morceau de nourriture et/ou un jouet pour qu'il établisse un lien de cause à effet entre l'ordre et la récompense.
- À la fin d'un exercice, lancez-lui le jouet pour vous amuser avec lui et le récompenser.
- Faites-le entrer et sortir de la voiture en le maîtrisant grâce à des actions dûment coordonnées.
- Si vous le promenez avec votre jeune enfant, n'enroulez jamais la laisse autour de votre main ou de la poignée de la poussette. Si votre chien panique ou prend peur, cela peut avoir des conséquences dramatiques.

# Les licous pour chiens

- Collier éducatif, le licou permet de calmer les chiens qui tirent.
- Prenez le temps d'habituer votre chien à le porter sans angoisse.
- Et surtout, persévérez, n'abandonnez pas !

Prenez soin de familiariser progressivement votre chien à l'usage du licou. En effet, constitué de sangles qui se placent sur son museau et sont reliées à un collier passé autour de son cou, il risque de l'inquiéter dans un premier temps. Mieux vaut ne pas trop hâter les choses.

## Utilisation des licous

Jusqu'à présent, vous avez appris à votre chien à marcher au pied avec une laisse et un collier normal. Cependant, s'il fait partie des chiens qui tirent énormément, vous pouvez lui mettre un licou ou un harnais. Le licou se place sur son museau à la façon d'une muselière. Il lui permet d'ouvrir la gueule normalement et de respirer sans gêne. En revanche, si votre chien se rue en avant, le licou l'oblige à tourner sa tête vers l'arrière, donc vers vous. Il se retrouve ainsi dans une situation inconfortable qui l'empêche de continuer sa progression en avant. En général, les chiens se calment et apprennent à ne plus tirer. Les licous présentent cependant l'inconvénient de frotter le museau du chien, causant parfois des écorchures bénignes. S'ils sont bien mis, ils constituent sans nul doute un moyen de dissuasion efficace.

La plupart des gens ne prennent pas le temps de familiariser lentement leur chien au port du licou et se montrent très contrariés de remarquer chez lui une réaction angoissée. Il suffit toutefois de procéder de la manière suivante afin d'éviter les problèmes…

Tout d'abord, faites asseoir votre chien après lui avoir passé un collier normal et attaché sa laisse. Ayez des friandises à portée de main. Donnez-lui en une après avoir placé sur son museau le licou, que vous lui laisserez quelques minutes. Offrez-lui des friandises par intermittence. Il associera ainsi le port du licou à l'octroi d'une récompense. Vous devrez répéter cette opération trois fois par jour pendant environ 10 minutes sur une période de 3 jours. Ensuite, attachez la laisse au licou et promenez un peu votre chien dans la maison ou dans le jardin. Offrez-lui des friandises à de courts intervalles. S'il panique ou tente de frotter son museau contre le sol (ce qui est parfaitement normal), essayez de détourner son attention en lui proposant des morceaux de nourriture, et servez-vous de la laisse pour le faire asseoir. Vous pouvez aussi le laisser marcher dans la maison avec son licou

**1**
Une fois que vous lui avez mis son licou, récompensez votre chien. Dès lors, il va associer son port à quelque chose d'agréable.

**2**
Les trois premiers jours, laissez-le avec son licou pendant 15 minutes chaque fois, pour qu'il s'habitue. Donnez-lui une friandise de temps à autre pour lui rendre l'expérience plaisante.

**3**
Lorsqu'il commence à accepter le licou sans faire trop d'histoires, vous pouvez attacher sa laisse et le promener dans la maison et le jardin en le faisant marcher au pied. Ensuite, il ne vous restera plus qu'à vous aventurer à l'extérieur et à continuer de dresser votre chien dans d'autres lieux.

pendant 15 minutes, trois ou quatre fois par jour, afin qu'il s'habitue.

Au départ, presque tous les chiens n'apprécient pas le licou, mais ils en prennent vite l'habitude et se mettent à l'associer aux récompenses et aux promenades. Dès que vous pouvez vous promener avec votre chien ainsi équipé dans la maison ou le jardin sans susciter de réaction hostile de sa part, allez dehors. Persévérez, n'abandonnez pas et ne vous laissez pas gagner par la pitié, sinon vous serez obligé(e) de repartir de zéro.

# Matériel adapté à l'apprentissage

- Gêne aux aisselles ou étranglement dissuadent les chiens impétueux.
- Le harnais ne limite la mobilité des pattes avant que si le chien tire.
- Le collier coulissant empêche le chien de prendre son élan.

**À gauche :** Les fines sangles de ce harnais passent sous les pattes avant du chien. S'il tire beaucoup, elles exercent une pression sous ses aisselles causant une sensation de gêne.

**À droite :** Cet autre modèle de harnais fonctionne de la même façon.

**Ci-dessous :** Voici dans quelle position doit être le harnais pour être bien fixé.

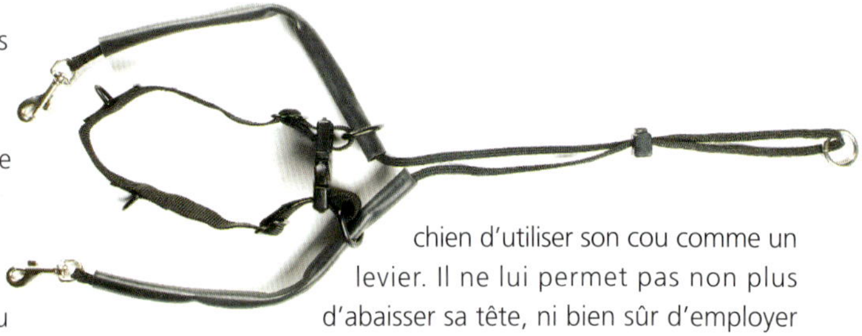

## Les harnais

Il existe des harnais dissuadant les chiens de tirer, qu'il ne faut pas confondre avec ceux qui permettent aux chiens de traîner une charge avec plus d'efficacité. Les harnais dissuasifs sont constitués de fins cordons qui passent sous les pattes avant du chien (sous ses aisselles) et le serrent lorsqu'il se rue en avant. Dès qu'il s'arrête, la gêne occasionnée cesse. Pour être à l'aise, le chien arrête donc spontanément de tirer.

## Le collier étrangleur spécial

Ce collier est destiné uniquement aux chiens extrêmement difficiles qui ont résisté à toutes les méthodes de dressage. Très efficace pour les empêcher de tirer, il ne convient qu'aux chiens de taille moyenne ou grande. Il se fixe juste sous les oreilles de l'animal. Constitué de nylon épais et lisse, il est coulissant et conçu pour se resserrer autour du cou du chien dès que celui-ci tire sur sa laisse. Il doit être maintenu à la même hauteur tout au long de la promenade pour empêcher le chien d'utiliser son cou comme un levier. Il ne lui permet pas non plus d'abaisser sa tête, ni bien sûr d'employer sa force corporelle et ses muscles du cou pour se propulser en avant.

Il fonctionne à peu près comme un collier normal, mais la distance entre votre main sur la laisse et le collier lui-même n'est que de 30 cm. La laisse est courte mais ne doit pas être trop tendue (il faut qu'il y ait du mou). Si elle est trop lâche, le collier risque de glisser au bas du cou du chien comme un collier normal et est dès lors inefficace.

Lorsque le chien essaie de se porter en avant, il ne peut utiliser toute sa puissance et ressent une gêne. Ce collier a presque le même effet que le licou placé, lui, sur le museau du chien ou qu'un harnais.

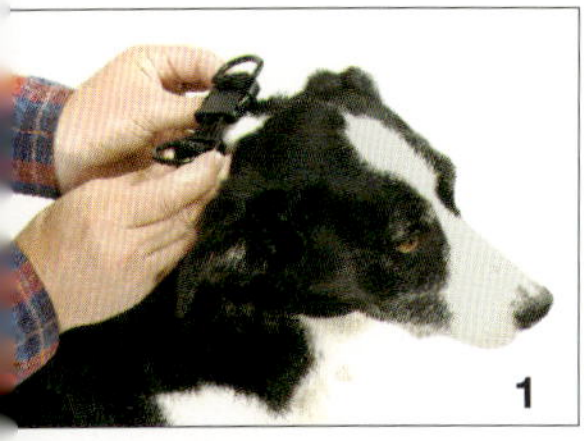

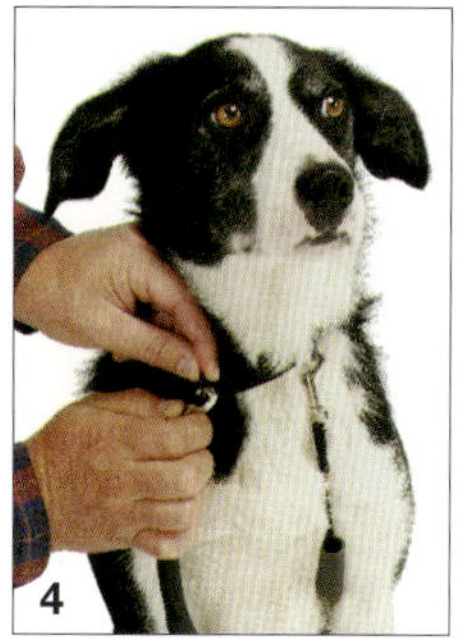

**Ci-dessus (1 à 5) :** Ce type de harnais se met habituellement de cette façon. Le collier est d'abord placé autour du cou du chien (1). Les deux lanières sont ensuite glissées dans des boucles prévues à cet effet (2), puis sous les pattes avant de l'animal (3), et fixées aux attaches du collier (4). Le harnais s'ajuste grâce à un système de fermeture coulissant (5). Ne le serrez pas trop, car il ne doit pas faire mal au chien quand ce dernier tire.

Le chien découvre ainsi qu'il vaut mieux ne pas tirer pour se sentir à l'aise. Il devient tout de suite conscient de ce phénomène et, s'il reçoit simultanément une belle récompense, se mettra rapidement à marcher tranquillement au côté de son maître.

Une fois que votre chien a appris à ne pas tirer en se promenant, vous pouvez mettre ce collier comme un collier normal ou préférer revenir à un collier traditionnel fixe.

Un mot d'avertissement cependant : ne mettez pas ce collier à un chiot ou un petit chien de compagnie, il n'est pas adapté aux chiens de petite taille.

**Ci-contre et à droite :** Le collier étrangleur est placé plus haut qu'un collier normal. Il interdit au chien de baisser sa tête pour se ruer en avant et donc de tirer.

CHAPITRE 8

# « Pas bouger ! »

# Tenir les différentes positions

- Le chien doit comprendre à quelle position correspond l'ordre reçu.
- Quels que soient le contexte et les tentations, l'ordre doit être exécuté.
- L'immobilité ne peut être exigée que d'un chien déjà bien entraîné.

## « Assis ! », « Debout ! », « Couché ! » et « Pas bouger ! »

Il est excellent d'habituer les chiens à s'asseoir, se lever et se coucher quand vous le leur ordonnez. Cela se révélera en effet très utile par la suite. Un chien bien dressé sait ce qu'il est autorisé à faire et ce qui lui est interdit. Il est souvent aussi moins nerveux, plus heureux et plus docile. Tout comme les enfants mal élevés, les chiens qui n'ont pas été dressés ne sont pas toujours bien accueillis là où ils vont. Mieux vaut, par conséquent, leur apprendre très tôt les trois ordres de base : « Assis ! », « Debout ! » et « Couché ! ».

Au départ, appliquez-vous à faire comprendre à votre chien à quelle position correspond chaque ordre. Puis, exercez-le à rester immobile dans chacune des positions, ce qui exigera une plus grande obéissance de sa part.

Il doit se familiariser avec les trois ordres de base dès la première journée de dressage, au cours des trois séances d'exercices de 15 minutes chacune. Au départ, les premières séances pourront se dérouler chez vous ou dans votre jardin, mais faites en sorte que la troisième ait lieu avant ou pendant une promenade. Les personnes dont les chiens sont incontrôlables à l'extérieur souhaitent souvent les dresser chez eux durant toute la première semaine, afin de leur inculquer quelques notions d'obéissance. Cela ne pose aucun problème dans la mesure où leurs chiens ont la possibilité de se dépenser en jouant après chaque séance.

Un chien qui a de très mauvaises habitudes, soit parce que vous l'avez recueilli alors qu'il était déjà adulte, soit parce qu'il n'a pas été convenablement dressé, vous donnera sûrement du fil à retordre. Ainsi, vous aurez beaucoup de mal à le faire revenir si, depuis de nombreuses années, il n'obéit pas quand on l'appelle. Il arrive aussi qu'un chien ait été dressé dans des endroits peu fréquentés par d'autres chiens, ou que leur maître ait délibérément évité qu'il rencontre d'autres chiens pour ne pas se confronter à une difficulté de plus. Cette attitude ne règle pas le problème, mais elle est adoptée par de nombreux propriétaires de chiens indisciplinés. Vous pouvez aussi avoir affaire à un chien qui a depuis longtemps l'habitude de tirer sur sa laisse quand on le promène. Ce comportement se sera profondément enraciné en lui, et il lui paraîtra absolument naturel de tirer parce qu'il l'a déjà fait des centaines de fois. Voilà. Maintenant, grâce à notre nouveau programme de dressage, toutes ces choses devraient pouvoir rentrer dans l'ordre.

## La position assise (sans risque pour les chiots)

Apprendre à son chien à s'asseoir sur commande est certainement l'un des exercices les plus simples. La plupart des maîtres y parviennent facilement. En effet, les chiens étant plus petits que nous, ils sont donc contraints de lever la tête pour nous regarder. Il suffit de se servir de ce mouvement naturel pour les amener à s'asseoir. Vous n'avez pas obligatoirement besoin de les tenir en laisse pour cela.

Les chiots s'habituent rapidement à s'asseoir quand on le leur ordonne. Une friandise ou la vue de leur écuelle suffisent à les exciter. Vous n'avez donc qu'à placer la nourriture au-dessus de leur gueule pour déclencher chez eux deux types de réactions, outre des jappements enthousiastes. Ils vont s'asseoir naturellement. Vous en profiterez alors pour leur donner l'ordre « Assis ! », d'une voix ferme. Puis vous leur offrirez la friandise ou l'écuelle que vous avez en main. Au bout de quelques jours, à force d'avoir été entraînés, récompensés ou simplement parce qu'ils seront devenus plus attentifs à vos gestes, ils s'assiéront avant même que vous ne le leur ordonniez. Pourquoi, dans ce cas, les chiens ne s'assoient-ils pas dès qu'on le leur demande et pourquoi tant de personnes ont-elles des difficultés à se faire obéir alors que leur chien comprend très bien ce que l'ordre « Assis ! » signifie ?

**À droite :** Ce chapitre vous montre comment apprendre à votre chien à s'asseoir, se lever et se coucher quand vous le lui ordonnez. Une fois qu'il a été bien entraîné et obéit régulièrement à vos ordres, vous pouvez commencer à exiger qu'il reste assis sans bouger, pendant de courtes durées au début, puis plus longtemps.

**À gauche :** Cette illustration prouve bien que les hommes et les chiens voient le monde différemment. Un chien doit lever la tête pour regarder une personne adulte debout. Il est possible de tirer parti de cet avantage pour le faire asseoir plus facilement.

**À gauche :** La nourriture est un formidable appât. Tenez une écuelle remplie ou une friandise juste au-dessus de la gueule de votre chiot et dites-lui : « Assis ! » au moment où justement il se laissera tomber sur son arrière-train en position assise. Donnez-lui alors la récompense méritée.

# La position assise

- Les chiens vivent dans l'instant présent.
- Choisissez la méthode qui convient au vôtre.
- Faites-le tomber sur son arrière-train.

Représentez-vous une situation de dressage. Vous êtes dans un lieu paisible : par exemple, une cuisine. Vous incitez votre chien à s'asseoir au moyen d'un appât et d'un ordre clair, puis le complimentez et lui donnez la récompense que vous lui avez fait miroiter. Cependant, lorsque votre chien se trouve dans d'autres pièces ou bien dans un jardin ou un parc, un véritable défi s'offre à vous. Vous devez en effet le faire asseoir malgré les multiples distractions qui risquent de détourner son attention comme les autres chiens, les odeurs et la vue de certaines activités. À l'instar des enfants, les chiens vivent dans l'instant présent. Il ne faut pas l'oublier au cours du dressage. Le chien peut se laisser déconcentrer à tout moment. Vous devez essayer de comprendre ce qu'il a en tête ainsi que les différentes méthodes vous permettant de lui apprendre à s'asseoir, à se lever et à se coucher quand vous le lui ordonnez.

## Utilisation d'une récompense gourmande (sans risque pour les chiots)

Les aliments sont très utiles pour attirer l'attention d'un chien et constituent donc une formidable ressource pour le dresseur. Installez-vous dans une pièce calme et placez un morceau de nourriture juste au-dessus de la truffe de votre chien. Lorsque celui-ci s'approche pour le saisir, dites : «Assis ! » et levez légèrement la main qui tient l'appât au-dessus de sa tête de façon à ce qu'il se dresse sur ses pattes arrière pour ne pas quitter des yeux le morceau convoité. À ce moment-là, la plupart des chiens se retrouvent naturellement en position assise. Récompensez-le aussitôt. Il faut dire : « Assis ! » et octroyer le morceau de nourriture dans la seconde qui suit l'exécution de l'ordre.

### UTILISATION DE LA NOURRITURE

**1**
Servez-vous de la même technique que celle illustrée à la page précédente avec le chiot, mais remplacez cette fois l'écuelle par une friandise pour appâter un chien adulte. Attirez ainsi son attention.

Dites :
**« VIENS ! »**

### UTILISATION DE LA NOURRITURE (pour les petits chiens seulement)

Dites :
**« VIENS ! »**

Si vous avez affaire à un chiot ou à un chien de petite taille, il vous sera peut-être nécessaire de vous accroupir pour qu'il s'assoie en suivant des yeux l'appât. Effectuez cet exercice à plusieurs reprises au cours de chacune des trois séances journalières, ainsi qu'au moment des repas. Grâce à cette répétition constante, vous parviendrez à mieux lui faire comprendre l'ordre « Assis ! ».

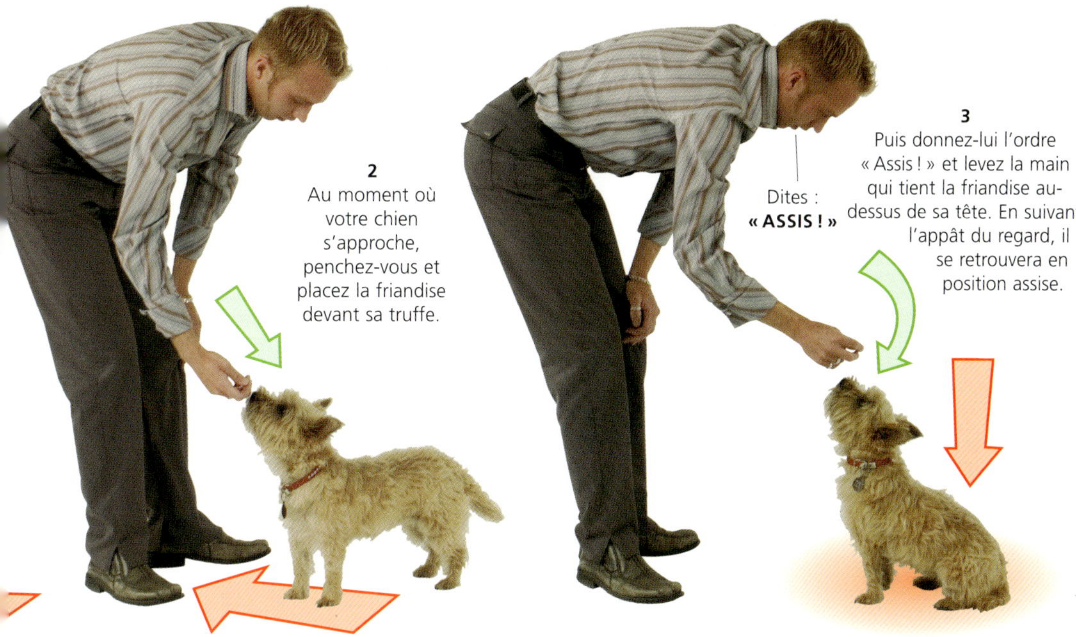

**2**
Au moment où votre chien s'approche, penchez-vous et placez la friandise devant sa truffe.

Dites :
**« ASSIS ! »**

**3**
Puis donnez-lui l'ordre « Assis ! » et levez la main qui tient la friandise au-dessus de sa tête. En suivant l'appât du regard, il se retrouvera en position assise.

**1**
Avec des chiots ou des petits chiens comme ce teckel, mieux vaut s'agenouiller et s'accroupir pour les faire asseoir car, même debout, ils restent très près du sol .

Dites :
**« ASSIS ! »**

**2**
Si vous levez votre main au-dessus de la tête de votre chien, celui-ci aura tendance à s'asseoir en fixant la friandise que vous tenez. Sitôt qu'il est assis, donnez-lui la friandise et félicitez-le.

# La position assise (suite)

- Commencez l'apprentissage en utilisant l'un de ses jouets favoris.
- Puis un jouet fantôme, afin qu'il obéisse à vos gestes et à votre voix.

## UTILISER UN JOUET

**1**
Pour faire obéir votre chien, vous pouvez utiliser son jouet préféré à la place d'un morceau de nourriture.

Dites : **« VIENS ! »**

**2**
Lorsque votre chien se rue vers vous dans l'espoir de jouer, levez son jouet au-dessus de sa tête.

### Utilisation de jouets (sans risque pour les chiots)

Beaucoup de gens achètent des jouets pour leur chien, notamment des jouets musicaux. Si votre chien les apprécie (c'est le cas de la majorité d'entre eux lorsqu'ils y ont été habitués suffisamment tôt), choisissez celui qu'il préfère et utilisez-le comme une friandise. Placez-vous de la même façon, en levant le jouet, et lancez-le dès que votre chien s'assied. Ce sera sa récompense s'il obéit. À ce stade, n'hésitez pas à le tenir en laisse, histoire de pouvoir récupérer facilement le jouet. Certains chiens sont en effet très impatients de jouer avec leur trophée. Vous n'aurez pas besoin de l'attacher si vous l'avez déjà entraîné à rapporter ce que vous lui lancez. Entre deux séances de dressage, ne lui donnez surtout pas le jouet afin qu'il reste enthousiaste en le voyant.

### Ignorer le chien (sans risque pour les chiots)

Cette approche illustre parfaitement l'importance du facteur psychologique. Elle requiert de la patience de votre part, mais vous permettra, au bout d'un certain temps, de faire asseoir votre chien plus naturellement et d'une manière moins directe. Lorsque vous entrez dans la pièce où il se trouve, dites : « Assis ! » quand il s'approche pour vous dire bonjour et regardez-le en levant votre main vide. Ainsi apprendra-t-il à obéir en même temps à votre geste et au son de votre voix.

S'il s'assied, caressez-le et complimentez-le. S'il bouge, ignorez-le et vaquez à vos occupations. Les chiens dominateurs ou habitués à bénéficier de l'attention de leur maître ont besoin que l'on s'intéresse à eux. Au bout d'une dizaine de minutes, si vous apercevez votre chien en train de vous guetter, rappelez-le en lui disant : « Viens ! » Dès qu'il s'approche, ordonnez-lui encore une fois de s'asseoir. S'il est trop excité ou vous fixe comme s'il voulait jouer, éloignez-vous et ignorez-le une fois de plus. Surpris par votre attitude, il comprendra rapidement ce que vous désirez quand vous lui prêterez à nouveau attention. Ne le félicitez que lorsqu'il se sera enfin assis.

**3**
Dites-lui : « Assis ! » lorsqu'il se laisse tomber sur son arrière-train.

Dites :
**« ASSIS ! »**

Dites :
**« RAPPORTE ! »**

**4**
Lancez vite le jouet pour qu'il le rattrape. Cela lui servira de récompense.

## IGNOREZ-LE

Votre chien a le droit de quitter sa position uniquement lorsque vous lui avez dit : « Allez ! », ou lorsque vous lui avez donné un autre ordre comme « Rapporte ! ». Il ne doit jamais quitter une position de son plein gré. N'oubliez donc pas de lui dire : « Allez ! » à la fin d'un exercice.

**1**
Dans cet exercice, accompagnez l'ordre « Assis ! » d'un geste de la main. Ordonnez à votre chien de s'asseoir sitôt qu'il accourt pour vous accueillir.

Dites :
**« ASSIS ! »**

**2**
S'il se contente de gambader autour de vous sans faire attention à l'ordre intimé, ignorez-le totalement et vaquez à vos occupations.

Dites :
**« ASSIS ! »**

**3**
Quelques minutes plus tard, appelez-le et répétez l'ordre « Assis ! ». S'il n'obéit pas, ignorez-le à nouveau. Recommencez jusqu'à ce qu'il finisse par obtempérer.

**4**
Le chien réalise qu'il est félicité une fois qu'il a obéi et s'est assis.

# La position assise (suite)

- Installez des crochets dans différents endroits de votre maison.
- Attachez-y votre chien par sa laisse pour réduire sa mobilité.
- Servez-vous d'un appât pour l'inciter à l'asseoir.

## Attacher le chien

Vous aurez recours à cette solution temporaire si votre chien est très remuant ou très grand, surtout s'il a l'habitude de sauter ou si vous avez du mal à le maîtriser. Les chiens de ce genre ne savent pas que vous n'appréciez pas leur comportement expansif, même s'il s'avère, au bout du compte, inoffensif.

Fixez, dans différents endroits de votre maison, sur les plinthes ou les murs, des crochets auxquels vous pourrez accrocher la laisse de votre chien. Dans le jardin, utilisez par exemple les pieux d'une clôture ou d'une barrière. Prenez la laisse de votre chien – ce qui ne manquera pas de susciter son intérêt – et attachez-la à son collier. Assurez-vous que vous êtes près d'un endroit où vous pourrez la fixer. Prenez un morceau de nourriture ou un jouet et dites : « Assis ! » à votre chien en accrochant sa laisse de façon à avoir les mains libres (ou presque libres puisque vous tenez la friandise ou le jouet). Votre chien étant bloqué, vous pourrez reculer et avancer comme bon vous semble. Récompensez-le s'il a obéi et s'est assis. Cette méthode a l'avantage de l'empêcher de gambader autour de vous et de ne pas vous obliger à le toucher, alors qu'il espère justement que vous allez le caresser ou jouer avec lui. Si vous répétez cet exercice dans le jardin et dans la maison, votre chien apprendra vite qu'en s'asseyant calmement, il peut recevoir une récompense. Entraînez-le dans divers lieux pour lui faire comprendre qu'il doit obéir partout.

**5**
Félicitez-le et caressez-le pour rendre l'instant agréable.

**4**
Une fois qu'il s'est assis, donnez-lui la friandise. Comme il est attaché, vous contrôlez bien la situation.

Au cours de ces exercices, veillez à donner d'abord l'ordre, puis la récompense, et prévoyez des pauses pour que l'exercice ne se transforme pas en une litanie d'ordres débités sur un ton monotone, ce qui ne pourrait que déconcerter votre chien.

Si vous dressez un chien très exubérant, qui a tendance à sauter autour de vous, en faisant un véritable remue-ménage, attachez-le avec sa laisse à un endroit précis de la pièce ou du jardin. Ainsi, vous parviendrez à mieux le maîtriser.

**1**
Commencez par fixer la poignée de la laisse sur un crochet placé à un endroit commode.

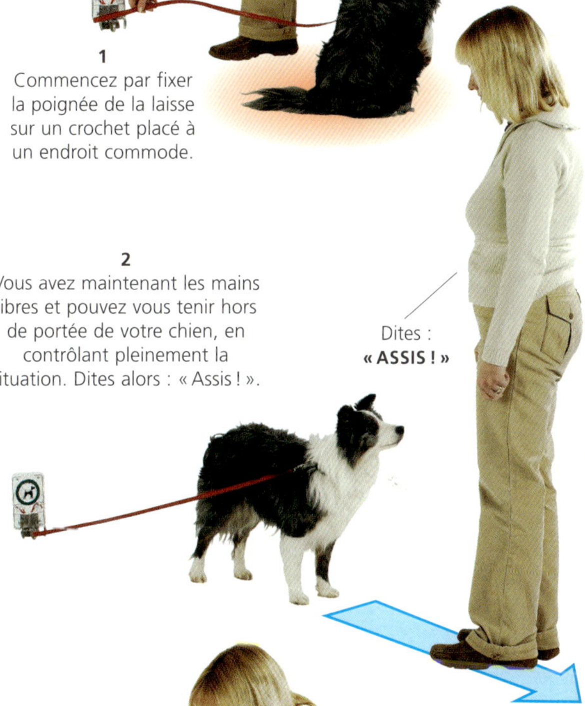

Dites : **« ASSIS ! »**

**2**
Vous avez maintenant les mains libres et pouvez vous tenir hors de portée de votre chien, en contrôlant pleinement la situation. Dites alors : « Assis ! ».

Servez-vous d'une friandise pour attirer son attention.

**3**
Penchez-vous en avant, puis reculez en appâtant votre chien à l'aide d'une friandise pour l'inciter à s'asseoir.

**6**
Félicitez votre chien s'il a bien obéi et sortez-le un peu. Faites attention à ce que le dressage ne soit jamais ennuyeux, sans quoi il risquerait fort de devenir contre-productif.

# La position assise (suite)

- Reculez, avancez, levez la main.
- Le chien, décontenancé, y perd son latin.
- Et tombe sur son arrière-train.

**1**
Pour apprendre à un chien à obéir quand on lui ordonne de s'asseoir, il faut que ce dernier joue le jeu et soit attentif. Ce n'est pas toujours le cas. Certains chiens ont d'autres idées en tête, sont difficiles à maîtriser ou ont tendance à s'esquiver. L'usage d'une laisse se révélera dès lors très pratique.

**1**
Les chiens sont plus proches du sol que nous ; ils ont donc tendance à lever la tête pour nous regarder. Cette attitude les incite à s'asseoir. Appelez votre chien en reculant en même temps de quelques pas.

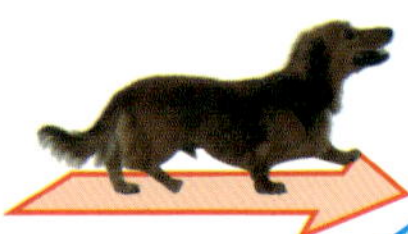

**2**
Quand il se rapproche de vous, faites un pas en avant, et penchez-vous au-dessus de lui.

## Utilisation de la gestuelle (sans risque pour les chiots)

Ce style de dressage est assez subtil. Il s'appuie sur votre façon de vous tenir et sur les gestes que vous faites. Il convient à tous les chiens, surtout à ceux qui sont impressionnables ou qui ont un comportement de dominés, ainsi qu'avec ceux qui ont tendance à paniquer lorsqu'on les touche trop. Vous pouvez l'utiliser conjointement aux méthodes déjà présentées. Appelez votre chien pour qu'il vous rejoigne dans une pièce. Dès qu'il s'approche de vous, reculez de quelques pas. Cela devrait le pousser à aller vers vous. À ce moment, avancez d'un pas et penchez-vous légèrement au-dessus de lui. Ce brusque changement le contraint à adopter une posture d'attente et à

**3**
Tandis que vous vous penchez en avant, dites : « Assis ! » et faites en même temps le geste de la main qui signifie cet ordre, pour renforcer votre parole. Votre chien doit se laisser tomber sur son arrière-train.

**4**
Finissez cet exercice en le félicitant et en le caressant généreusement.

lever les yeux vers vous. Si vous lui dites en même temps : « Assis ! », il devrait vous obéir. S'il s'exécute, félicitez-le abondamment, puis éloignez-vous. Répétez l'exercice plusieurs fois.

**2**
Appelez votre chien pour lui donner une friandise. Dès qu'il s'approche, dites-lui : « Assis ! » et levez votre main au-dessus de sa tête.

**3**
Votre chien regardera naturellement vers le haut et se retrouvera ainsi en position assise. Si tel est le cas, donnez-lui immédiatement la friandise pour qu'il associe le fait de s'asseoir et de recevoir une récompense.

**4**
Vous êtes heureux(euse) car votre chien a bien réagi, et ce dernier est heureux car vous le caressez.

## Utilisation de la laisse et du collier (sans risque pour les chiots)

L'usage de la laisse peut se révéler très utile avec les chiens ayant tendance à s'enfuir ou qui sont difficiles à maîtriser. Tenez-la dans une main et placez quelques friandises dans une banane ou dans la poche de votre vêtement. Procédez de la même façon que page 108. Placez la friandise juste au-dessus de la truffe de votre chien. Lorsque ce dernier s'approche pour l'attraper, dites : « Assis ! », et levez légèrement la friandise au-dessus de sa tête pour qu'il regarde vers le haut s'il ne veut pas la quitter des yeux. La plupart des chiens se retrouvent alors naturellement assis. Dès que le vôtre a adopté la position requise, vous devez lui intimer l'ordre « Assis ! », puis, 1 seconde ou 2 après, le récompenser en lui donnant la friandise convoitée.

Il faut répéter l'exercice une trentaine de fois en l'espace de quelques jours pour que votre chien sache, en gros, ce que signifie « être assis ». Dès que vous êtes satisfait(e) des progrès accomplis, vous pouvez commencer à lui apprendre à rester assis, sans bouger. Donc, vous ajoutez un ordre supplémentaire comme vous le ferez, plus tard, pour les deux autres positions : « Debout ! » et « Couché ! ».

# « Assis, pas bouger ! » – Initiation

- La paume de la main brandie face au chien signifie « Ne bouge pas ! ».
- Jour après jour, faites durer l'attente, éloignez-vous, lâchez la laisse.

**1**
Lorsque votre chien est attentif et s'assied sur commande, vous pouvez essayer de lui donner l'ordre « Pas bouger ! ».

Ce geste de la main indique à votre chien qu'il ne doit pas bouger.

**2**
Pour commencer, ne vous éloignez que d'un pas. Il faut que votre chien reste le plus longtemps possible assis sans broncher quand vous n'êtes plus à ses côtés. Au départ, ne cherchez pas à trop vous éloigner.

## « Assis, pas bouger ! » – Les gestes de main

Dites à votre chien : « Assis ! » et placez la paume de votre main devant lui en ajoutant : « Pas bouger ! ». Ne vous éloignez pas de plus d'un pas. Attendez environ 3 secondes, puis répétez : « Pas bouger ! » avant de regagner votre place à côté de lui. Félicitez-le immédiatement et caressez-le. Il n'est pas nécessaire de lui offrir tout le temps de la nourriture, seulement toutes les trois ou quatre fois. La laisse doit rester lâche, car si votre chien ressent une secousse, même légère, il risque de se diriger vers vous. S'il tend à s'exciter exagérément quand vous le félicitez ou lui octroyez une friandise, contentez-vous de le complimenter avec douceur afin de ne pas l'inciter à bouger.

Le plus important dans cet exercice est le temps durant lequel il restera immobile en position assise, et non votre distance par rapport à lui. Aussi étrange que cela puisse paraître, beaucoup de personnes semblent vouloir s'éloigner de leur chien le plus loin possible au lieu d'attendre à côté de lui. Or, dans un premier temps, ce sont plutôt

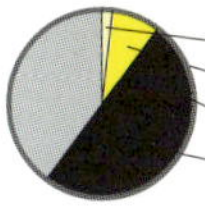


Augmentez progressivement le temps durant lequel votre chien doit rester assis sans bouger. À la fin de la troisième semaine, il doit pouvoir tenir près de 2 minutes immobile.

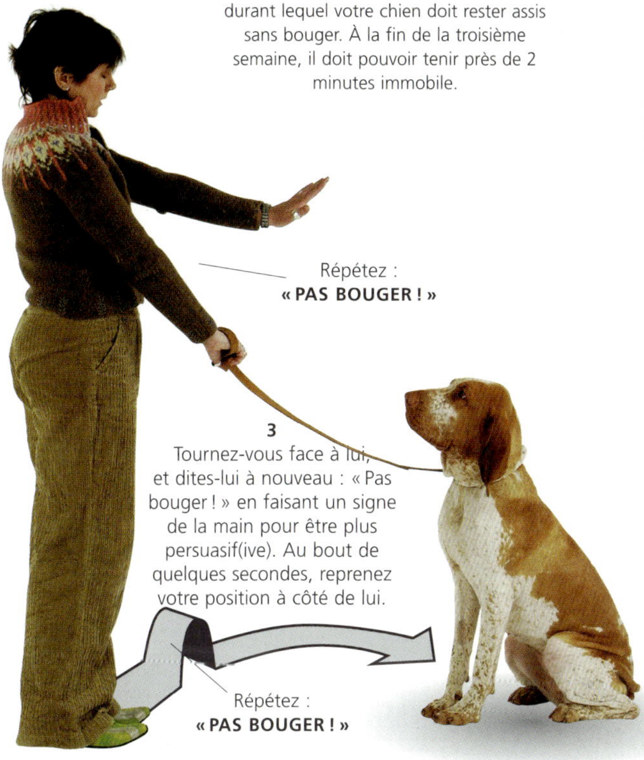


**3**
Tournez-vous face à lui, et dites-lui à nouveau : « Pas bouger ! » en faisant un signe de la main pour être plus persuasif(ive). Au bout de quelques secondes, reprenez votre position à côté de lui.

**LÂCHER LA LAISSE**
**À gauche :** Si votre chien reste assis sans bouger alors que vous êtes aussi loin que sa laisse vous le permet, essayez de la lâcher et de vous éloigner un peu plus. Cependant, ne précipitez pas les choses.

la durée et la régularité qui doivent primer. Si vous arrivez à vous tenir le plus loin possible de votre chien compte tenu de la longueur de sa laisse dès le premier jour, c'est très bien.

Ne lâchez la laisse que lorsque votre chien acceptera sans broncher que vous vous éloigniez de lui autant que sa longueur le permet, puis que vous reveniez à votre place au bout de quelques secondes. Ne le félicitez et ne le récompensez que s'il est resté parfaitement immobile.

**4**
Si votre chien a été obéissant, félicitez-le chaleureusement. Ce n'est qu'une première étape, par conséquent veillez à ce qu'elle soit agréable.

# « Assis, pas bouger ! » – Applications

■ Le chien a tendance à bouger sitôt que vous quittez son champ de vision.

**1**
Une fois que votre chien reste assis sans bouger, vous pouvez essayer de vous éloigner davantage et de revenir à ses côtés en tournant derrière lui.

**2**
Au départ, votre chien doit être assis à votre gauche. Dites-lui : « Pas bouger ! » d'un ton ferme, et faites un signe de la main pour qu'il comprenne bien. Éloignez-vous. Ici, le dresseur utilise une laisse de 3 mètres de long.

## Tourner autour du chien immobile

Beaucoup de chiens restent tranquillement assis quand vous êtes à 1 mètre d'eux, mais se mettent à bouger dès que vous revenez vers eux en tournant dans le sens inverse des aiguilles d'une montre. Ils font pivoter leur tête pour essayer de ne pas vous perdre de vue et se dressent soudain. Pour remédier à cela, dites : « Pas bouger ! » d'un ton sec lorsque vous êtes sur le point de tourner autour de votre chien, et continuez jusqu'à ce que vous vous retrouviez à sa droite. L'exercice achevé, vous devez tous deux regarder dans la même direction, votre chien toujours assis à votre gauche.

Beaucoup de gens hésitent à revenir près de leur chien immobile, qu'il soit assis, debout ou couché, quand ils voient qu'il commence à bouger ou semble vouloir le faire. Elles tardent à revenir près de leur chien et prolongent, dès lors, le temps durant lequel celui-ci doit rester immobile. Ce n'est pas utile au début de l'apprentissage. Par conséquent, déplacez-vous toujours rapidement, sans hésitations. Si vous semblez indécis(e), votre chien risque lui aussi de perdre son assurance.

À présent, récapitulons les diverses étapes de l'exercice durant lequel votre chien doit rester assis sans bouger. Pour commencer, il doit se trouver à côté de vous comme s'il allait marcher au pied. Dites-lui alors de s'asseoir et de ne pas bouger. Allez aussi loin que sa laisse vous le permet et, s'il ne bouge pas, regardez-le 1 seconde ou 2, puis revenez auprès de lui en empruntant le même chemin. Répétez-lui qu'il ne faut pas bouger quand vous vous rapprochez afin que cela soit bien clair. Puis penchez-vous vers lui et félicitez-le. L'exercice est terminé. Pour introduire un peu de variété, effectuez-le dans différents endroits de la maison ou du jardin.

Durant ces exercices, le chien doit réfréner ses instincts et rester concentré. Par conséquent, félicitez-le abondamment pour qu'il se détende un peu.

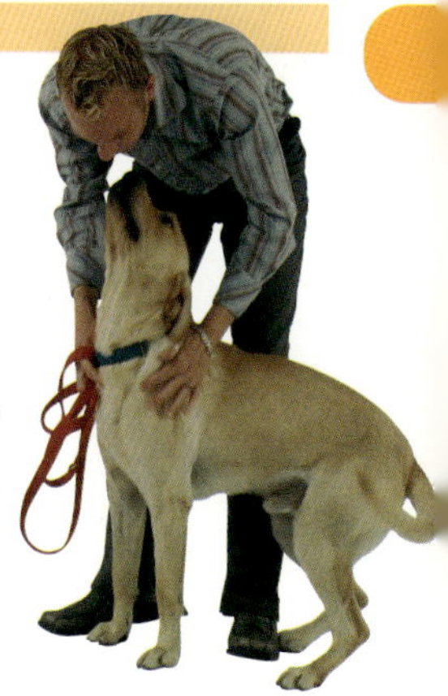

## TOURNER AUTOUR DU CHIEN IMMOBILE

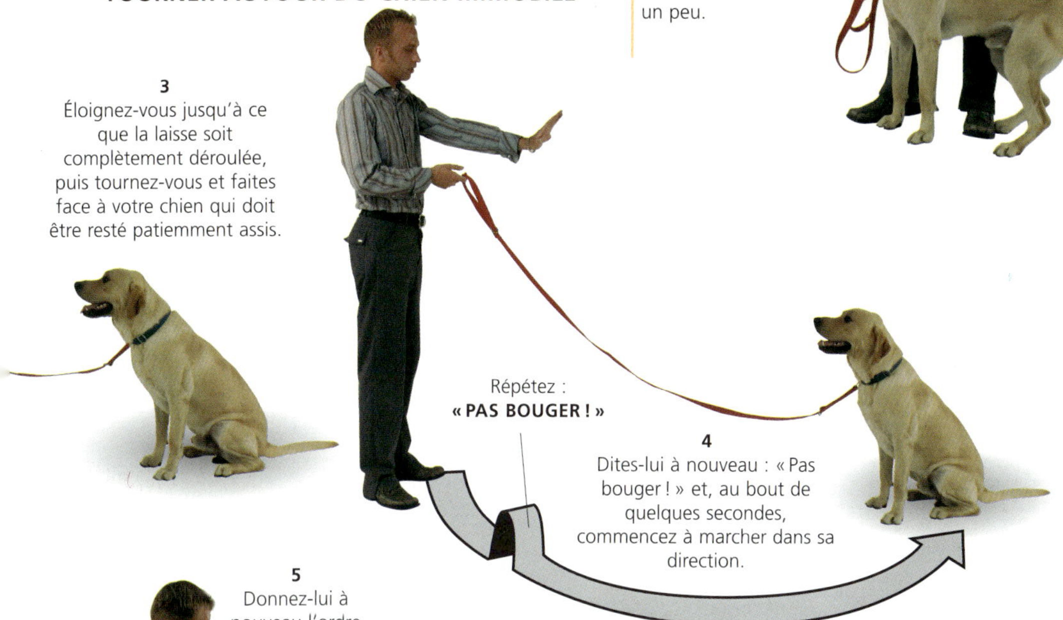

**3**
Éloignez-vous jusqu'à ce que la laisse soit complètement déroulée, puis tournez-vous et faites face à votre chien qui doit être resté patiemment assis.

Répétez :
**« PAS BOUGER ! »**

**4**
Dites-lui à nouveau : « Pas bouger ! » et, au bout de quelques secondes, commencez à marcher dans sa direction.

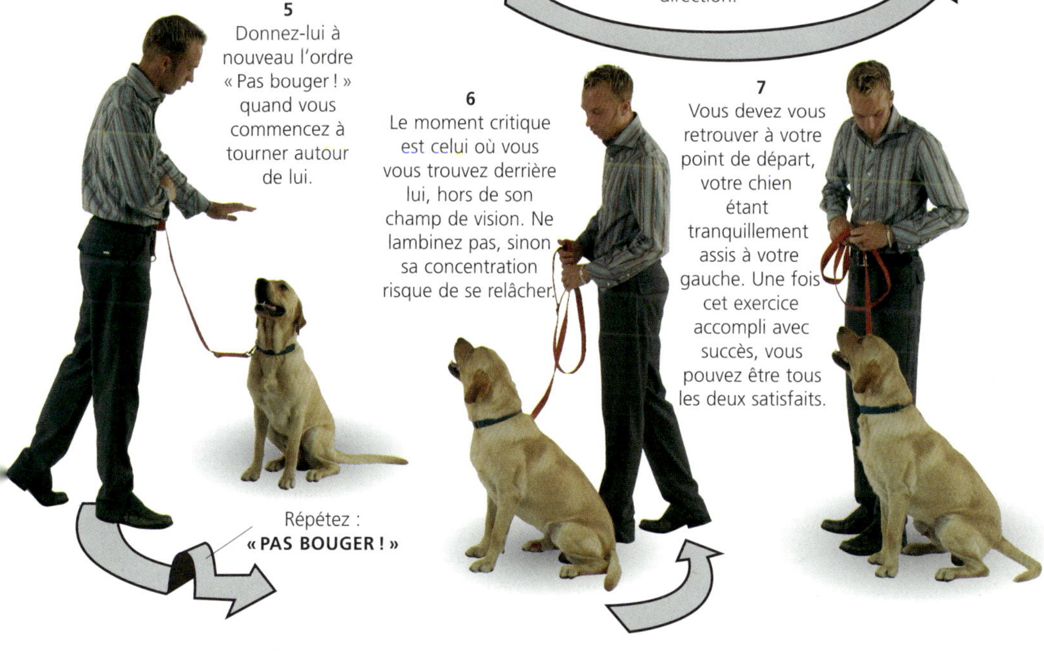

**5**
Donnez-lui à nouveau l'ordre « Pas bouger ! » quand vous commencez à tourner autour de lui.

Répétez :
**« PAS BOUGER ! »**

**6**
Le moment critique est celui où vous vous trouvez derrière lui, hors de son champ de vision. Ne lambinez pas, sinon sa concentration risque de se relâcher.

**7**
Vous devez vous retrouver à votre point de départ, votre chien étant tranquillement assis à votre gauche. Une fois cet exercice accompli avec succès, vous pouvez être tous les deux satisfaits.

# « Assis, pas bouger ! » – Applications (suite)

De 1 à 10 mètres, la patience de votre chien croît progressivement.

## « Assis, pas bouger ! » – Durée et distance

Une fois que votre chien reste assis sans bouger alors que vous êtes à 1 mètre de lui environ, patientez près de 2 minutes avant de le rejoindre. Vous pouvez progresser par étapes en augmentant chaque fois le temps de 30 secondes. N'essayez pas d'aller trop vite, car l'exercice risque de devenir rébarbatif et de faire oublier au chien la récompense qu'il peut escompter. Ses progrès seront d'autant plus rapides qu'il sera récompensé régulièrement plutôt que si l'exercice est constamment interrompu parce que vous brûlez des étapes.

Dites :
**« PAS BOUGER ! »**

**1**
Tenez-vous à environ 1 mètre de votre chien et augmentez la durée pendant laquelle il devra rester sans bouger. Vous vous éloignerez davantage lorsqu'il sera capable de rester immobile pendant près de 2 minutes.

Si votre chien reste chaque fois immobile pendant au moins 1 minute, c'est qu'il est déjà très obéissant. Souvent, lors du dressage, vous vous rendrez compte qu'un chien, après être resté immobile pendant 2 minutes, commence soudain à bouger sans raison apparente. Ne vous désespérez pas pour autant. Recommencez l'exercice en ne le laissant immobile que 30 secondes, puis, s'il est obéissant, augmentez de nouveau la durée de 30 secondes, et ainsi de suite jusqu'à ce que vous le laissiez à nouveau 2 minutes immobile. C'est ainsi que les chiens apprennent.

Au bout de 3 semaines d'entraînement progressif, votre chien doit pouvoir rester assis sans bouger près de 2 minutes.

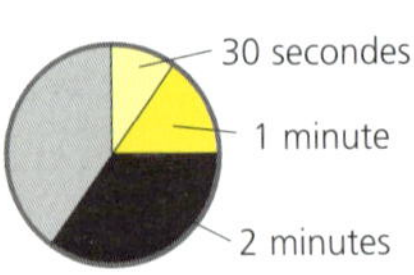

Commencez alors à vous éloigner davantage de votre chien. Dites-lui : « Pas bouger ! » et éloignez-vous chaque jour de 2 mètres de plus jusqu'à ce que vous finissiez par vous retrouver à 10 mètres de lui. S'il se met soudain à vouloir vous suivre, recommencez l'exercice en vous remettant à 2 mètres de lui, puis augmentez de nouveau progressivement la distance. N'oubliez pas qu'un chien qui reste régulièrement sans broncher quand vous êtes à une courte distance de lui, pendant une courte période, sera de toute façon obéissant. Un bon dresseur doit savoir simplifier un exercice afin de redonner confiance au chien au lieu d'insister.

## DE PLUS EN PLUS LOIN

Quand votre chien est capable de rester assis sans bouger pendant 2 minutes, vous pouvez essayer d'augmenter graduellement la distance qui vous sépare de lui. Tenez-vous d'abord à 1 mètre, puis écartez-vous de 2 mètres de plus chaque fois, jusqu'à ce que vous vous retrouviez à 10 mètres de votre point de départ.

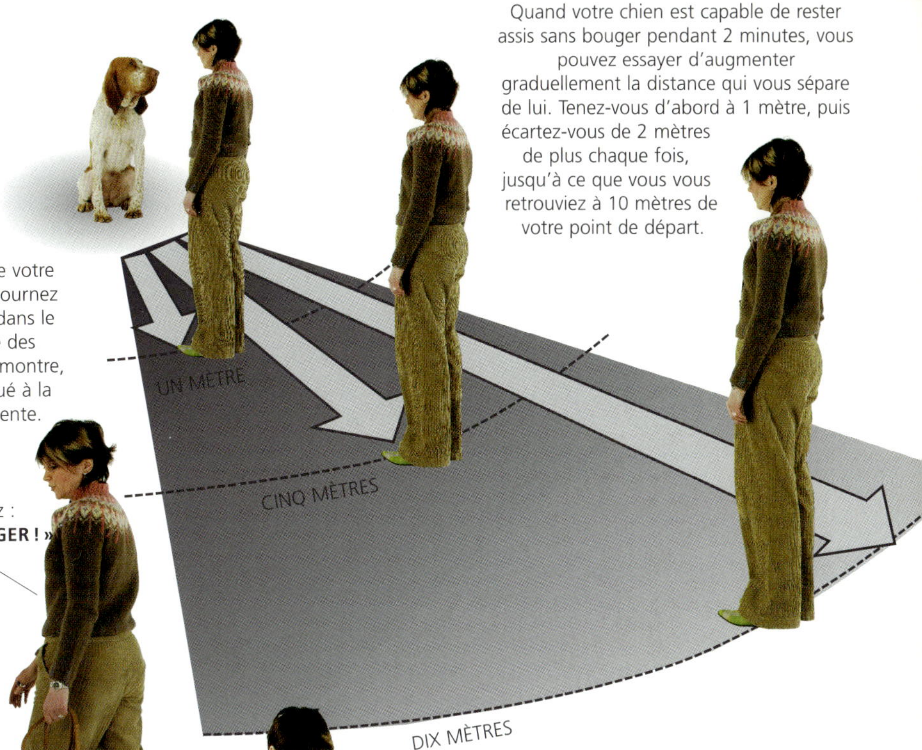


**2**
Pour reprendre votre place initiale, tournez autour de lui dans le sens inverse des aiguilles d'une montre, comme indiqué à la page précédente.

Répétez : **« PAS BOUGER ! »**

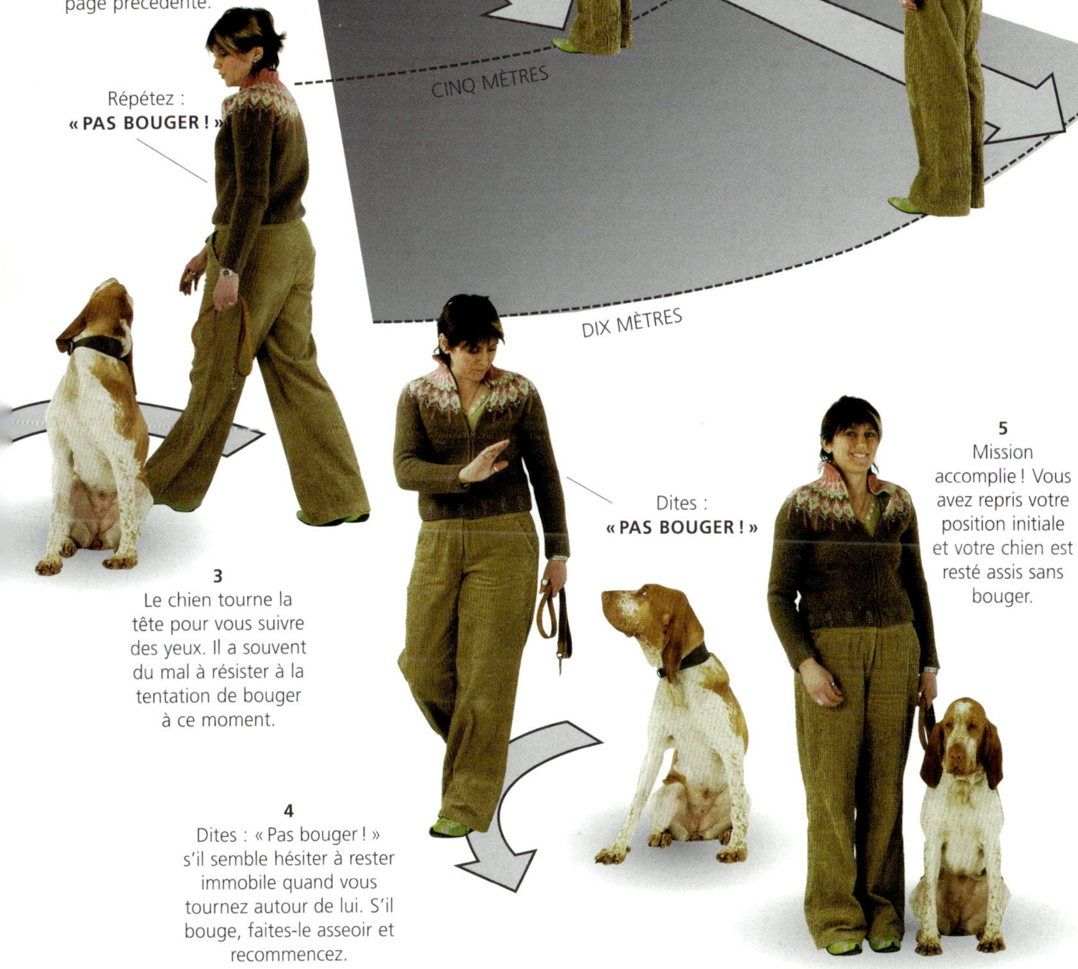

**3**
Le chien tourne la tête pour vous suivre des yeux. Il a souvent du mal à résister à la tentation de bouger à ce moment.

**4**
Dites : « Pas bouger ! » s'il semble hésiter à rester immobile quand vous tournez autour de lui. S'il bouge, faites-le asseoir et recommencez.

Dites : **« PAS BOUGER ! »**

**5**
Mission accomplie ! Vous avez repris votre position initiale et votre chien est resté assis sans bouger.

# La position debout

- Attention au ton avec lequel vous prononcez : « Debout ! »
- Le chien peut craindre de vous offenser en se dressant face à vous.
- La position debout est une position d'arrêt.

## La position debout

Votre chien doit rester debout quand vous le toilettez, le faites examiner par un vétérinaire ou vous arrêtez au bord d'une route. Mieux vaut lui ordonner de s'immobiliser debout sur le trottoir quand il pleut, ou lorsqu'il y a de la boue afin qu'il ne se salisse pas trop.

Cette position est très pratique lorsque vous franchissez le seuil d'une porte, quand vous avez besoin de vous arrêter avant de traverser une rue ou de contourner un obstacle. Les chiens qui participent à des concours de beauté sont habitués à rester debout sans bouger, car c'est la position dans laquelle ils sont le plus à leur avantage. Vous devez donner à votre chien l'ordre de se tenir debout d'une voix ferme, mais sans trop hausser le ton. En effet, il risque de mal interpréter un ton sévère et de s'asseoir ou de se coucher. Par conséquent, soyez déterminé(e) mais assez doux(ouce) quand vous apprenez cette position à votre chien.

Il est parfois plus difficile d'apprendre aux chiens soumis à rester debout.

**1**
Vous n'avez pas besoin de laisse pour cet exercice élémentaire que vous pourrez effectuer chez vous, dans un jardin ou dans le lieu qui vous convient. Prenez quelques friandises, puis appelez votre chien.

Le chien s'approche quand son maître l'appelle.

Dites : **« VIENS ! »**

Au cours des premières séances, ne l'obligez pas à rester debout plus de quelques secondes.

## Utilisation de friandises (sans risque pour les chiots)

L'ordre « Debout ! » peut déconcerter les chiens (qui apprennent d'abord à s'asseoir sur commande), aussi devez-vous l'inclure dans votre programme de dressage. En effet, si la plupart comprennent assez rapidement qu'ils doivent se mettre debout quand on le leur ordonne, il arrive que les plus craintifs ou les plus soumis préfèrent s'asseoir ou se coucher de peur qu'en tant que chef de la meute, vous ne les punissiez d'oser se dresser ainsi. Si c'est le cas de votre chien, donnez-lui l'ordre « Debout ! » d'une voix ferme mais douce. N'utilisez surtout pas la force, sinon il va s'aplatir sur le sol pour ne pas vous mécontenter.

**2**
Quand votre chien approche, tournez-vous vers la droite en pivotant et arrêtez-vous. Normalement votre chien va se mettre à votre gauche de façon à suivre votre regard.

Tenez une friandise prête dans votre main en guise de récompense.

**3**
Quand votre chien est à côté de vous, dites-lui : « Debout ! » et placez la friandise juste devant sa truffe.

Dites : **« DEBOUT ! »**

Vous n'avez pas besoin de laisse, car cet exercice exige moins de discipline et peut être effectué n'importe où, chez vous ou dans un jardin. Appelez votre chien. S'il a tendance à s'exciter, ordonnez-lui de venir d'un ton ferme, mais sans enthousiasme excessif. Au moment où il s'approche, tournez-vous vers la droite et arrêtez-vous. Votre chien va lui aussi tourner pour vous regarder. Lorsqu'il se trouve à votre gauche, dites : « Debout ! » et placez une friandise à hauteur de sa truffe ou un peu plus bas. Donnez la récompense quand votre chien est à l'arrêt et félicitez-le. Puis éloignez-vous de quelques pas. S'il marche à côté de vous, répétez l'exercice. S'il ne vous suit pas, appelez-le et tournez vers la droite dès qu'il est à côté de vous. Répétez ensuite l'exercice depuis le début : donnez l'ordre, puis la récompense et enfin complimentez votre chien.

**4**
Laissez-le attraper la friandise pendant qu'il se trouve debout à l'arrêt. Puis détendez-vous et promenez-vous avant de recommencer l'exercice.

Dites : **« BON CHIEN ! »**

# La position debout (suite)

- Touchez son ventre, grattez le bas de son dos, le chien s'immobilise.
- Tenu en laisse, il comprend bien qu'il s'agit d'un exercice.

### Utilisation du collier et de la laisse (sans risque pour les chiots)

Il est possible d'utiliser la méthode décrite à la page précédente en attachant votre chien pour mieux le contrôler. Vous pouvez simplement le faire marcher au pied dans la maison, puis vous arrêter en lui disant : « Debout ! » et en lui offrant immédiatement une friandise. N'attendez pas trop pour lui donner sa récompense, sinon il s'assiéra automatiquement, puisque au cours des exercices précédents il a justement été récompensé quand il s'asseyait. Pour lui, les nouveaux ordres sont juste de nouveaux sons et ils n'acquièrent de signification précise que lorsqu'il les a associés à une certaine position.

**UTILISATION DE LA LAISSE ET DU COLLIER**

1
Vous pouvez apprendre à votre chien à rester debout de la même façon qu'à la page précédente, en lui offrant une friandise et en tournant autour de lui, mais cette fois en tenant sa laisse.

2
…d vous marchez, arrêtez-vous et dites à …otre chien : « Debout ! » Placez ensuite une friandise juste devant sa truffe. Offrez-la-lui, puis marchez à nouveau et répétez l'exercice.

### Utilisation de jouets (sans risque pour les chiots)

Vous n'êtes pas obligé(e) d'attacher votre chien. Tout dépend de son état, mais la vue du jouet aura tendance à l'exciter. Sitôt que vous le lui avez montré en le mettant toutefois hors d'atteinte de ses mâchoires, dites : « Debout ! » Attendez quelques secondes, puis lancez-le. Une fois que vous l'avez récupéré, recommencez l'exercice. Vous pouvez augmenter petit à petit le temps durant lequel votre chien devra rester debout. Au bout d'une semaine, il devrait être capable de se tenir tranquille dans cette position environ 10 secondes jusqu'à ce que vous lui lanciez le jouet.

### Contact fugitif (sans risque pour les chiots)

C'est ma méthode préférée, et qui donne de très bons résultats. Mettez son collier à votre chien, puis promenez-le en laisse dans le jardin ou dans votre maison en le faisant marcher au pied. Arrêtez-vous, dites-lui doucement : « Debout ! » et posez simultanément votre main gauche sous son ventre. Il s'agit de le toucher, mais sans aucune brutalité. La plupart des chiens se figent quand on leur fait cela, comme lorsqu'ils se flairent entre eux. La technique consiste donc à tirer parti de cette réaction naturelle. Dès que votre chien s'est immobilisé, ou juste avant qu'il tourne sa tête pour s'enquérir de ce que vous êtes sur le point de faire, déplacez rapidement votre main gauche pour lui gratter, 1 seconde seulement, le bas du dos, juste au-dessus de la queue.

En résumé : vous devez donner l'ordre « Debout ! », avancer

## UTILISATION D'UN JOUET

**1**
Vous pouvez aussi utiliser son jouet préféré pour lui apprendre à se mettre debout.

Dites :
**« DEBOUT ! »**

**2 et 3**
Laissez le chien attraper, puis rapporter le jouet s'il a obéi et s'est mis debout. Répétez l'exercice.

## CONTACT FUGITIF

**1**
Commencez par faire marcher votre chien au pied. Puis arrêtez-vous et donnez l'ordre « Debout ! ».

Dites :
**« DEBOUT ! »**

**2**
Une fois qu'il est à l'arrêt, touchez rapidement son ventre. Il aura tendance à se figer.

Avec votre main gauche, chatouillez le dos de votre chien juste au-dessus de la queue.

Commandez :
**« AU PIED ! »**

**3**
Bougez rapidement votre main, et chatouillez le bas de son dos juste au-dessus de sa queue. Cela doit inciter votre chien à rester dans la même position. Félicitez-le, puis dites : « Au pied ! » et remettez-vous à marcher. Au bout d'un court instant, répétez l'exercice.

d'un pas pour laisser au chien le temps de s'arrêter, lui toucher le ventre, lui chatouiller le bas du dos et le féliciter en l'espace de quelques secondes. La vitesse est essentielle. Dites ensuite : « Au pied ! » d'un ton vif et recommencez à marcher afin de répéter l'exercice plusieurs fois. Les chiens étant plus ou moins sensibles, vous serez peut-être obligé(e) de modifier votre façon de les toucher ou de les chatouiller pour obtenir l'effet souhaité. Veillez à ce que le vôtre ne s'excite pas trop. Cette méthode a en tout cas le mérite de l'empêcher de s'asseoir à tout bout de champ.

# Debout sans bouger

- La longueur limitée de la laisse l'arrête dans son mouvement.
- Ne jouez pas avec les nerfs de votre chien ; l'immobilité lui est pénible.

## Attacher le chien

L'usage de la laisse peut s'avérer utile pour apprendre à votre chien à rester debout, comme il l'a été pour le faire asseoir. Il est particulièrement recommandé si le chien a tendance à s'exciter ou met du temps à se calmer dès qu'il voit de la nourriture. Face à un chien de petite taille, baissez-vous pour ne pas trop le dominer.

### EXERCICE AVEC UN CHIEN ATTACHÉ

**1**
Si votre chien est exubérant ou facilement excitable, il peut être préférable de l'attacher. Allez vers lui avec une friandise lorsqu'il est ainsi retenu par sa laisse.

**2**
Au moment où il s'approche de vous, dites-lui : « Debout ! » La laisse va entraver sa liberté de mouvement.

**3**
Lorsqu'il se trouve ainsi à l'arrêt, donnez-lui la friandise. Puis faites demi-tour et laissez-le s'asseoir ou se coucher avant de recommencer l'exercice.

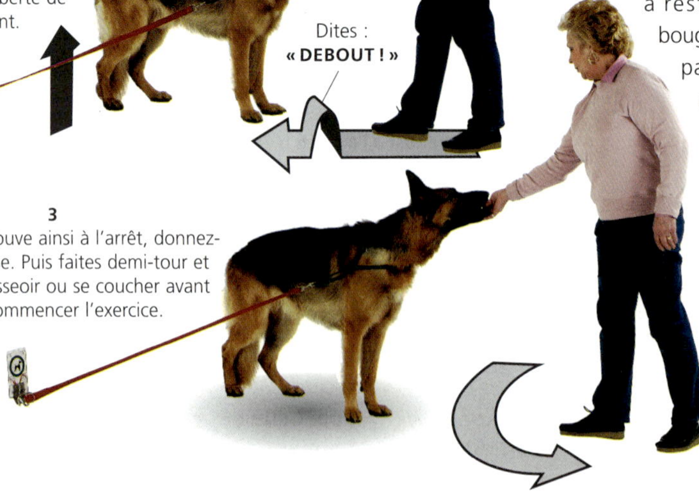

Attachez-le et fixez sa laisse à un crochet spécialement prévu à cet effet. Approchez-vous de lui avec une friandise. Une fois qu'il aura fait un pas ou deux dans votre direction, dites : « Debout ! » au moment où sa laisse l'arrête. Donnez-lui immédiatement la friandise pour le récompenser, puis éloignez-vous en attendant qu'il se détende en se couchant ou en s'asseyant. À ce moment-là, approchez-vous à nouveau de lui et recommencez depuis le début. En général, il suffit de répéter l'exercice trois ou quatre fois. Quand votre chien, au bout probablement de la première semaine, semble avoir saisi ce que vous voulez de lui, vous pouvez recourir aux autres méthodes proposées pour lui apprendre à rester debout.

## « Debout, pas bouger ! »

Apprendre à son chien à tenir la position debout sans bouger est une phase essentielle du dressage. Lorsqu'il est capable de rester sans broncher pendant au moins 20 secondes à côté ou en face de vous, procédez comme vous l'avez fait pour lui apprendre à rester assis sans bouger. Ne l'obligez pas à rester plus de 30 secondes debout, car cela risquerait de le fatiguer. Il ne semble pas non plus nécessaire de l'habituer à rester dans cette position au-delà de 1 minute.

## Position debout – Les problèmes

### « MON CHIEN RESTE ASSIS »

N'avez-vous pas une attitude trop dominatrice ? Attention avec les chiens sensibles ou soumis car ils ont dès lors tendance à vouloir rester près du sol, ce qui ralentit leur apprentissage. Les chiens apprennent plus vite à s'asseoir sur commande qu'à se mettre debout. Pour un ordre « Assis ! », comptez trois « Debout ! » jusqu'à ce que le chien s'habitue à rester debout quand vous l'exigez.

### « MON CHIEN SE COUCHE »

Mettez-lui son collier et attachez-le. Chaque fois qu'il tentera de se coucher, donnez-vous une petite tape sur la cuisse et dites : « Au pied ! » d'un ton enjoué, puis parcourez rapidement près de 2 mètres. Répétez l'ordre « Debout ! » lorsque votre chien s'approche. Ne le forcez pas à se lever en tirant sur sa laisse car l'effet serait désastreux.

**1**
Si votre chien persiste à rester couché, donnez-lui l'ordre « Au pied ! ».

Dites :
**« AU PIED ! »**

Puis ordonnez-lui de se lever.

Dites :
**« DEBOUT ! »**

### AUGMENTER LA DURÉE DE L'EXERCICE

**À gauche :** Une fois que votre chien obéit régulièrement à l'ordre « Debout ! », essayez de l'habituer à rester debout sans bouger lorsque vous êtes loin de lui. Au début, laissez-le seulement 10 secondes, à la fin 30 secondes maximum.

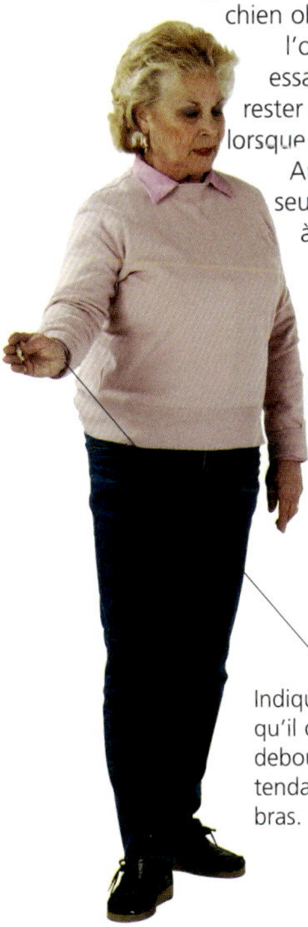

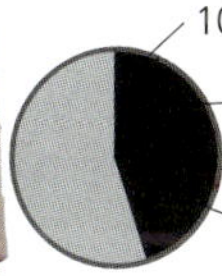


Indiquez-lui qu'il doit rester debout en tendant votre bras.

**À gauche :** Pour habituer votre chien à rester debout sans bouger, commencez par l'appeler.

Il sera heureux de rapporter son jouet favori.

**Ci-dessus :** Terminez la séance par un jeu qui permettra à votre chien de se dépenser un peu. En effet, rester longtemps debout sans bouger n'est pas naturel pour lui. N'oubliez donc pas de le récompenser s'il s'est bien conduit.

# La position couchée

- Placez l'appât au ras de terre et votre chien se couchera.
- N'utilisez pas le même ton pour donner un ordre ou féliciter votre chien.
- Après une courte pose, divertissante, les exercices doivent être répétés.

Les chiens qui se couchent lorsqu'on le leur ordonne, malgré la présence de distractions, sont très agréables.

## La position couchée

Votre chien doit apprendre à se coucher sur commande. Lorsqu'il est couché, vous pouvez parler tranquillement avec un ami dans la rue ou faire la queue chez le boulanger sans vous soucier de lui. Vous pouvez aussi lui ordonner de se coucher dans un coin ou dans sa corbeille quand un invité arrive. (Une fois que les chiens savent qu'ils vont être récompensés s'ils obéissent, ils ne se font pas prier.) En outre, c'est une position qu'il apprécie.

## Appâtez-le avec un aliment (sans risque pour les chiots)

Chez vous ou dans un jardin, faites asseoir votre chien – il est plus facile d'obtenir de lui qu'il se couche lorsqu'il est déjà assis. Avec votre main droite, tendez-lui un morceau de jambon ou de fromage en le plaçant sous sa truffe. Lorsqu'il se penche en avant pour le saisir, abaissez votre main au niveau du sol pour l'inciter à s'allonger. Une fois qu'il est dans la bonne position, offrez-lui le morceau convoité en prononçant simultanément l'ordre « Couché ! » d'une voix sèche. Puis félicitez-le en lui murmurant qu'il est un bon chien. De nombreux maîtres omettent de modifier le timbre de leur voix selon qu'ils donnent un ordre ou congratulent leur chien.

## Appâtez-le avec un jouet (sans risque pour les chiots)

Vous pouvez remplacer le morceau de nourriture par un jouet. Cela permettra de voir quelle méthode est la plus adaptée. Placez donc le jouet près du sol, votre chien s'abaissera pour le saisir. Laissez-le à la même place quelques secondes avant de le lancer pour que votre chien le rapporte. Vous pouvez aussi dire : « Assis ! » à votre chien, rapprocher le jouet de sa truffe, puis donner l'ordre « Couché ! » en mettant le jouet au niveau du sol. Félicitez chaleureusement votre chien lorsqu'il se sera allongé.

### APPÂTEZ-LE AVEC UN JOUET

**1**
Choisissez un jouet que votre chien apprécie et donnez-lui l'ordre « Assis ! ».

## APPÂTEZ-LE AVEC UN ALIMENT

**1**
Servez-vous d'une friandise pour attirer l'attention de votre chien.

Dites :
**« COUCHÉ ! »**

**2**
Lorsqu'il tend son museau vers le morceau de nourriture, tirez légèrement votre main en arrière pour l'inciter à s'abaisser.

**3**
Ce mouvement vers le bas devrait amener votre chien à s'allonger par terre. Offrez-lui alors la friandise.

**4**
Il a maintenant droit à tous les égards, car il a été obéissant.

Dites :
**« BON CHIEN ! »**

**2**
Incitez votre chien à se coucher en l'appâtant cette fois avec le jouet.

Dites :
**« COUCHÉ ! »**

**3**
Maintenez le jouet en place quelques secondes, puis félicitez votre chien et recommencez l'exercice.

# La position couchée (suite)

- Recommencez 10 fois un exercice mais ne paniquez pas votre chien.
- La laisse ne doit jamais être utilisée pour l'obliger à se coucher.
- Elle est en revanche précieuse pour l'aider à maintenir la position.

**UTILISATION DE LA LAISSE**

**1**
Si votre chien est vigoureux, il peut être judicieux de le tenir en laisse. Mais ne vous servez pas de celle-ci pour le tirer vers le sol et le contraindre à se coucher. Utilisez plutôt un jouet ou une friandise.

**2**
Lorsque votre chien s'affale par terre, attiré par l'appât, dites-lui : « Couché ! »

**3**
Quand il est couché, placez un pied sur sa laisse à environ 30 cm de son cou. Ainsi, il ne pourra pas se lever.

## Utilisation de la laisse (sans risque pour les chiots)

Certains maîtres trouvent qu'il est plus pratique de garder les chiens en laisse pour leur faire faire tous les exercices à la maison ; cela semble les rendre plus calmes. Vous n'avez donc qu'à employer les méthodes déjà décrites en tenant votre chien en laisse. Lorsqu'il est couché, posez un pied sur sa laisse à environ 30 cm de son cou. N'oubliez pas que la laisse doit rester lâche même quand vous avez le pied dessus. Si elle est tendue, levez votre pied quelques secondes pour que votre chien reprenne ses aises. Puis bloquez-la à nouveau. Si votre chien veut s'asseoir, il en sera empêché. Dites-lui : « Couché ! » sitôt qu'il fait une tentative. Cela a parfois un effet dissuasif. N'utilisez jamais la laisse pour tirer votre chien vers le bas. S'il essaie de se dresser pour s'asseoir, exercez vite, de la main, une pression sur son arrière-train avant qu'il n'ait eu le temps de se relever. S'il y parvient, recommencez l'exercice depuis le début. Ne le contraignez pas à rester couché en employant la force. Cela risque de le désorienter et de le paniquer. Soyez prudent(e).

## BLOCAGE DE LA LAISSE

**1**
Si votre chien est trop excité, attachez-le et passez la poignée de sa laisse sur un crochet prévu à cet effet.

Dites :
**« COUCHÉ ! »**

**2**
Incitez votre chien à s'allonger à l'aide d'une friandise, donnez-lui en même temps l'ordre « Couché ! ».

**3**
Félicitez-le une fois qu'il est couché et tranquille. Sa laisse l'empêchera de se diriger vers vous.

Dites :
**« BON CHIEN ! »**

Dites :
**« BON CHIEN ! »**

**4**
Maintenez la laisse au sol avec votre pied, veillez à ce qu'elle ne soit pas tendue et ne tire pas sur le collier de votre chien.

## Blocage de la laisse

Il est parfois pratique de fixer la laisse à un crochet si votre chien est très vigoureux et remuant. Cela l'oblige à rester près de vous. Ensuite, placez-vous en face de lui et servez-vous d'un jouet ou d'un appât gourmand pour l'amener à s'allonger. Vous pouvez aussi essayer de gratter le tapis ou la moquette pour l'inciter à se coucher quand vous lui en donnez l'ordre. N'oubliez pas de le féliciter quand il s'est exécuté.

# « Couché, pas bouger ! »

- Guider votre chien de la main exclut toute brutalité.
- Pourquoi un chien obéissant à la maison est-il distrait en plein air ?
- Le dressage doit être pratiqué dans toutes sortes d'endroits.

## Guider le chien avec la main (sans risque pour les chiots)

Cette méthode fonctionne surtout avec les chiens les moins dominateurs. Placez votre chien à votre gauche en le tenant en laisse. Restez debout sans bouger, en lui disant : « Assis ! » Une fois qu'il s'est exécuté, appuyez sur son dos, derrière ses omoplates, et intimez-lui l'ordre de se coucher. En même temps, tirez légèrement sur sa laisse de façon à l'entraîner vers le bas. Ces deux actions réalisées conjointement le pousseront à s'allonger. Félicitez-le consciencieusement s'il l'a fait. Certains chiens résistent. Si c'est le cas du vôtre, changez de méthode. N'oubliez pas d'être ferme mais doux(ouce). Il s'agit de guider votre chien pour qu'il se mette dans la position voulue mais sans aucune brutalité. Si vous tirez d'un coup sec sur sa laisse et appuyez brutalement votre main sur son dos, vous risquez de lui faire peur.

## « Couché, pas bouger ! »

Employez la même technique que celle utilisée pour apprendre aux chiens à rester assis sans bouger (pp. 120-121). Augmentez progressivement la durée pendant laquelle votre chien devra rester couché, ainsi que votre distance par rapport à lui. Comme la position couchée est agréable, vous pourrez exiger de votre chien qu'il reste allongé sans bouger plus longtemps, c'est-à-dire jusqu'à 3 minutes comme le programme le prévoit.

## Varier les lieux de dressage

Le dressage peut se révéler assez frustrant pour la simple raison que nous nous comportons souvent comme si les chiens pensaient comme nous, ou tout du moins envisageaient les choses de la même façon que nous. Or, c'est loin d'être le cas. Il suffit, pour s'en

Ce boxer reste couché malgré la présence d'autres chiens en train de courir non loin de là.

N'oubliez pas le but du dressage. Si vous voulez que votre chien obéisse partout et tout le temps, veillez à l'entraîner dans un parc où les distractions ne manquent pas.

## GUIDER LE CHIEN AVEC LA MAIN

**1**
Pour que votre chien se couche, guidez-le avec la main. Commencez par le faire asseoir à votre gauche en tenant sa laisse dans la main droite.

**2**
Dites-lui : « Couché ! » en exerçant simultanément une pression sur ses omoplates et en le tirant légèrement vers le bas avec la laisse.

**3**
Une fois qu'il est correctement couché, félicitez-le. Soyez prudent(e) au cours de cet exercice. Vous devez être ferme, mais éviter toute forme de brutalité. Si votre chien panique, vous ne parviendrez à rien.

convaincre, d'observer la façon dont votre chien réagit à vos ordres en fonction du lieu où il se trouve. Sa conduite dépend principalement de deux facteurs imprévisibles : d'une part, l'endroit lui-même et, d'autre part, les distractions qu'il recèle. Des chiens qui obéissent parfaitement à la maison semblent souvent ne plus comprendre un ordre aussi élémentaire qu'« Assis ! » dès qu'ils se trouvent ailleurs.

Une fois que votre chien obéit à peu près. Continuez à le dresser dans des lieux très divers. Mieux il saura résister aux distractions qui l'entourent, plus il fera de progrès. Cependant, le monde extérieur comporte un grand nombre de facteurs perturbants, comme la présence d'autres chiens, de chats traversant la rue, de bruits de voitures ou de personnes se hâtant. Il déborde d'odeurs qui excitent et fascinent l'odorat puissant de votre chien. Comment imaginer que cela ne puisse pas troubler sa concentration ?

Cependant, même si vous désirez lui apprendre seulement quelques ordres de base, il doit obéir aussi bien dans un parc que dans un magasin ou dans d'autres lieux publics, en dépit de l'éventuelle présence d'autres chiens. Dans les rues commerçantes, grouillantes de monde, il ne devra pas gêner les piétons ou se précipiter pour flairer le moindre chien passant à côté de lui. Il faut lui apprendre à ne pas suivre son instinct. Son univers s'en trouvera complètement bouleversé, mais c'est là une conséquence de sa domestication.

Lorsqu'il vous obéit parfaitement, essayez de vous passer des récompenses gourmandes, des caresses ou des jouets. Contentez-vous de lui donner un ordre comme « Assis ! » et de le féliciter quand il a obéi. De temps à autre, vous pouvez lui offrir une friandise ou un jouet pour vous montrer plus persuasif(ive). Mais un chien bien dressé obéira même sans l'appât d'une récompense.

# 2e semaine de dressage

- Il est temps d'aborder le vaste monde, avec toutes ses tentations.
- Étape après étape, il s'agit de substituer l'obéissance à l'instinct.
- Un seuil est toujours franchi par le maître en premier.

À la fin de la première semaine, votre chien aura effectué au moins 63 séances d'exercices (3 x 3 séances par jour pendant 7 jours). Vérifiez qu'il obéit dans la majorité des circonstances décrites. Selon leur race, leur âge, les habitudes qu'ils ont déjà acquises, ainsi que de votre savoir-faire, certains chiens progressent plus vite que d'autres.

## À l'extérieur

Bien que la plupart des personnes concernées désirent que leur chien soit également discipliné à la maison, leur principale préoccupation est de parvenir à le maîtriser à l'extérieur. Sachez cependant que, si votre chien obéit chez vous et n'essaie pas d'importuner vos invités, il sera sans doute plus à votre écoute à l'extérieur aussi.

Il est temps maintenant de l'entraîner dehors dans des endroits où il importe qu'il soit obéissant. Pour cela, rendez-vous dans un parc. Si votre chien a tendance à s'enfuir dès que vous le lâchez, installez-vous à au moins 200 mètres de l'entrée pour éviter qu'il ne se précipite sur la chaussée. Peut-être avez-vous l'habitude de l'emmener sur des terrains éloignés ou dans des endroits peu fréquentés par les autres chiens ? D'accord pour le faire quelques jours, mais vos séances de dressage seront plus bénéfiques, si vous allez justement dans des lieux où il risque d'être moins attentif.

À certains moments, votre statut de chef sera mis à rude épreuve car votre chien aura tendance à suivre ses instincts, à batifoler avec ses congénères

**1**
Les chiens sont parfois surexcités quand on les attache pour les emmener en promenade. Des scènes aussi ridicules que celle-ci doivent absolument être évitées !

**2**
Vous êtes le chef et devez donc franchir la porte en premier. Si votre chien essaie de vous doubler, claquez la porte devant lui.

ou à explorer les environs. S'il a déjà de mauvaises habitudes comme celle de poursuivre les joggeurs, d'importuner les piétons ou les personnes qui se promènent avec des chiens, il vous faudra un certain temps afin de réussir à le faire obéir.

### Exemple de dressage : promenade jusqu'au parc

Les chiens manifestent souvent une excitation dérangeante lorsque vous vous préparez à les emmener dans un parc. Il est normal qu'ils soient heureux à l'idée de sortir, mais si leur excitation vous empêche de quitter tranquillement votre domicile, cela aura un effet néfaste sur la séance de dressage qui suivra. Votre travail consiste à imposer à votre chien des règles de conduite qui lui permettent, étape par étape, d'être discipliné. Voici quelques exemples de ce que vous pouvez faire pour qu'il adopte le comportement souhaité.

Mettez-lui son collier et attachez sa laisse encore à la maison. S'il se laisse faire avec enthousiasme, tant mieux. Mais s'il est tellement surexcité que vous avez du mal à l'attacher, déconcertez-le en effectuant trois ou quatre faux départs. Asseyez-vous après chacun d'entre eux pour qu'il finisse par se calmer et ne sache plus si vous souhaitez vraiment sortir. Quand vous êtes prêt(e) à quitter la maison, rappelez-vous qu'il ne doit pas franchir la porte d'entrée avant vous. Vous lui avez appris, au cours de la première semaine, à attendre que vous passiez devant lui. Il doit donc patienter jusqu'à ce que vous preniez sa laisse.Refermez la porte sur lui s'il essaie, ne serait-ce qu'une fois, de l'attraper (voir les exercices destinés à renforcer votre autorité, p. 32). Bien sûr, tout cela prend du temps, mais vous réussirez ainsi à sortir de chez vous tranquillement sans claquer la porte, sans crier et sans courir après votre chien.

Si vous avez un portail à franchir, procédez de la même façon. C'est vous qui passez le(la) premier(ère), votre chien doit attendre. Et comme vous savez qu'il associe chaque action et chaque ordre suivi à l'octroi d'une récompense, n'omettez jamais de le féliciter s'il s'est bien comporté.

**3**
Voici comment procéder : vous franchissez la porte d'abord, puis dites à votre chien « Viens ! » pour qu'il vous rejoigne.

**4**
À présent, vous pouvez vous rendre tranquillement jusqu'au parc. Si votre chien tire sur sa laisse ou traîne derrière vous, rappelez-vous ce qu'il faut faire pour qu'il marche au pied et mettez en pratique les conseils donnés !

# En route vers le parc

- Maintenez en éveil l'attention de votre chien.
- Il doit guetter vos moindres changements de direction.
- Déconcertez-le s'il a tendance à anticiper vos mouvements.

Dans la rue, les distractions ne manquent pas. Si votre chien a tendance à aller trop vite, essayez de le faire marcher au pied en multipliant rotations à gauche et à droite, ainsi que demi-tours. Ne le laissez pas s'arrêter pour flairer les autres chiens ou leur dire bonjour ; continuez à marcher d'un bon pas. Au début, cela peut être très difficile. Dans ce cas, parcourez quelques centaines de mètres, puis rentrez chez vous si vous vous sentez fatigué(e) ou si vous notez que votre chien prend le dessus. En effet, vous ne devez jamais céder devant une attitude dominatrice de sa part. Notons toutefois qu'avec la plupart des chiens, le cheminjusqu'au parc se déroule sans problèmes.

Vous devez montrer à votre chien que, malgré son impatience, vous avez le droit de changer de direction quand vous le désirez et que vous le ferez chaque fois qu'il tirera sur sa laisse. Donnez-lui d'abord l'ordre « Au pied ! ». S'il obéit, félicitez-le, sinon n'oubliez pas de tirer légèrement sur sa laisse lorsqu'il essaie de vous entraîner vers une haie pour flairer quelque chose. Faites demi-tour, cela l'obligera à être attentif lorsque vous pivotez sur votre jambe gauche, puis balancez votre genou droit pour marcher dans la direction opposée. Remettez-vous à avancer en encourageant votre chien à rester à votre gauche. Et bien entendu, félicitez-le s'il le fait.

Vous pouvez également lui ordonner de s'asseoir ou de se coucher pour le calmer. S'il s'attend à ce que vous lui disiez : « Assis ! » tous les 100 mètres, il sera plus concentré sur vous et regardera le petit morceau de jambon que vous tenez lorsqu'il se tient près de votre jambe gauche ou fait demi-tour avec vous. Plus vos mouvements seront imprévisibles, plus il devra rester attentif.

Si, grâce aux exercices appropriés, vous lui avez montré que vous le dominez, il guettera le moindre signe de votre part et donc progressera plus vite. Dès qu'un chien sait ce que son maître désire, il devient beaucoup plus docile.

## UNE PROMENADE SOUS CONTRÔLE

**3**
Tournez tantôt à gauche, tantôt à droite en marchant.

**2**
Si votre chien marche calmement au pied, félicitez-le. Dites-lui : « Au pied ! » au moment de tourner.

Répétez :
**« AU PIED ! »**

## Dans le parc, trouvez un terrain approprié

Il s'agit maintenant pour vous de continuer le dressage de votre chien sur un terrain comportant le maximum de distractions, en faisant appel à toutes les méthodes décrites précédemment :

- Assis
- Debout
- Couché
- Au pied
- Assis sans bouger avec ou sans laisse
- Debout sans bouger avec ou sans laisse
- Couché sans bouger avec ou sans laisse
- Le rappel
- Finissez en jouant avec lui

# Assis sans bouger dans le parc

- Joignez le geste à la parole : un ordre doit être perçu même de loin.
- Éloignez-vous sans quitter votre chien des yeux.
- Répétez « Pas bouger ! », avec votre paume tournée vers lui.

## Assis sans bouger – Signaux et durée

L'étape suivante consiste à apprendre à votre chien à obéir à l'ordre « Pas bouger ! », que vous lui indiquerez par de simples signaux lorsqu'il est dans un parc, aussi loin de vous que sa laisse le lui permet. Commencez par le faire asseoir à votre gauche. Écartez-vous de lui, placez la paume de votre main au-dessus de sa tête en lui disant simultanément : « Pas bouger ! » Puis, éloignez-vous sans le quitter des yeux. Retournez-vous quand vous êtes à 1 ou 2 mètres de lui. Attendez environ 5 secondes. S'il ne bouge pas, revenez vers lui. Reprenez votre position initiale, soit en tournant autour de lui dans le sens inverse des aiguilles d'une montre, soit en suivant le même chemin qu'au départ. Changez de trajet pour vérifier qu'il est vraiment capable de rester immobile. Une fois l'exercice achevé, félicitez-le chaleureusement. Offrez-lui une friandise si cela ne l'excite pas trop. Certains chiens attachent trop d'importance aux récompenses gourmandes, et pas assez à vos paroles ; par conséquent, octroyez-les avec modération.

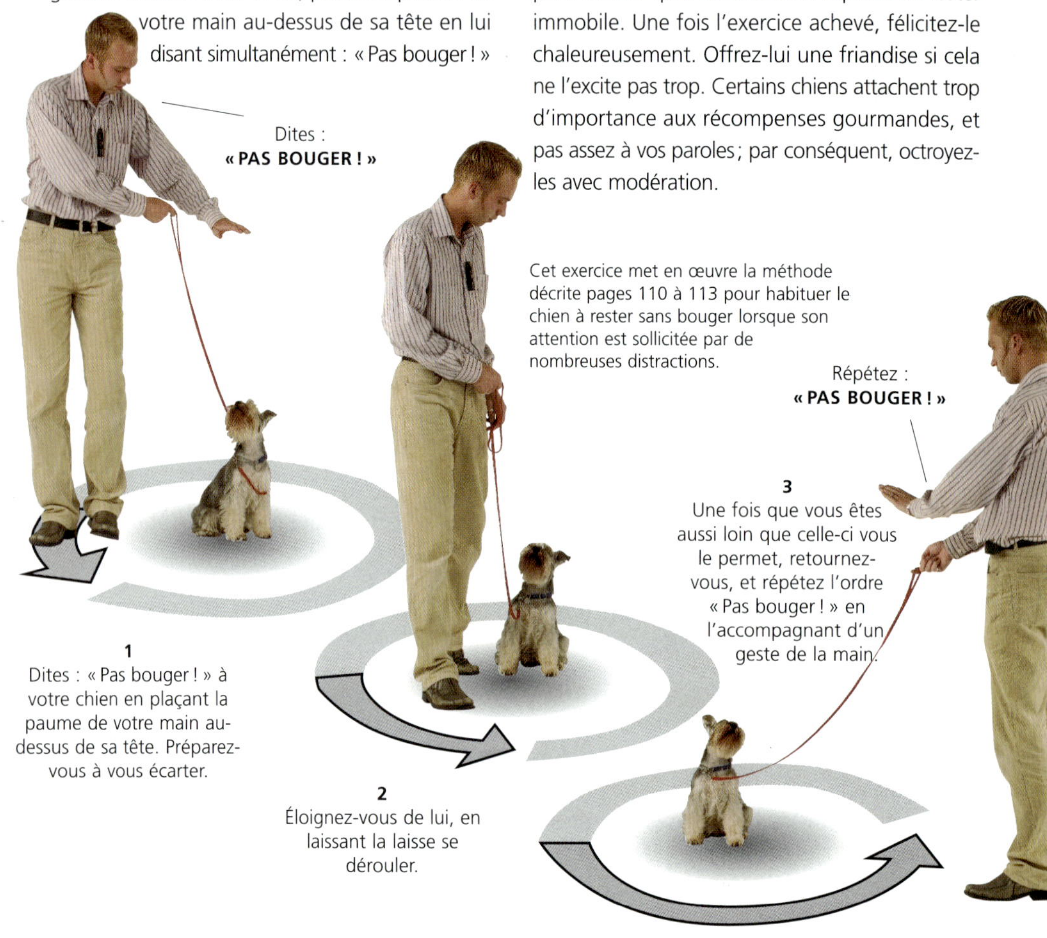


Cet exercice met en œuvre la méthode décrite pages 110 à 113 pour habituer le chien à rester sans bouger lorsque son attention est sollicitée par de nombreuses distractions.

**1**
Dites : « Pas bouger ! » à votre chien en plaçant la paume de votre main au-dessus de sa tête. Préparez-vous à vous écarter.

**2**
Éloignez-vous de lui, en laissant la laisse se dérouler.

**3**
Une fois que vous êtes aussi loin que celle-ci vous le permet, retournez-vous, et répétez l'ordre « Pas bouger ! » en l'accompagnant d'un geste de la main.

## Problèmes courants :

### « MON CHIEN ME SUIT »

**Solution** : Il est probablement désorienté. Veillez à effectuer les mouvements correctement. Ne vous éloignez pas de lui de plus d'un pas, jusqu'à ce qu'il soit capable de rester sans bouger.

### « MON CHIEN BOUGE QUAND JE ME RETOURNE FACE À LUI »

**Solution** : Vérifiez que vous ne donnez pas de petits coups sur la laisse. N'oubliez pas de faire le bon geste en vous écartant. Essayez de répéter à votre chien « Pas bouger ! » d'une voix ferme avant qu'il ne bronche.

### « MON CHIEN EST TOUT EXCITÉ ET BOUGE QUAND JE REVIENS VERS LUI »

**Solution** : Si votre chien est très excitable, attendez quelques secondes à côté de lui avant de le féliciter sans hausser trop la voix. Le fait de lui répéter « Pas bouger ! » quand vous êtes de nouveau debout à côté de lui l'encouragera à rester immobile.

**Conseils de dressage**

Ne soyez pas désespéré(e) si les choses ne se passent pas vraiment comme il faut, et si votre chien ne reste pas immobile. Vérifiez que vous ne le désorientez pas en lui faisant des gestes flous ou en l'excitant trop quand vous le complimentez. Mieux vaut alors repartir de zéro, et vous écarter de lui d'un pas seulement dans un premier temps.

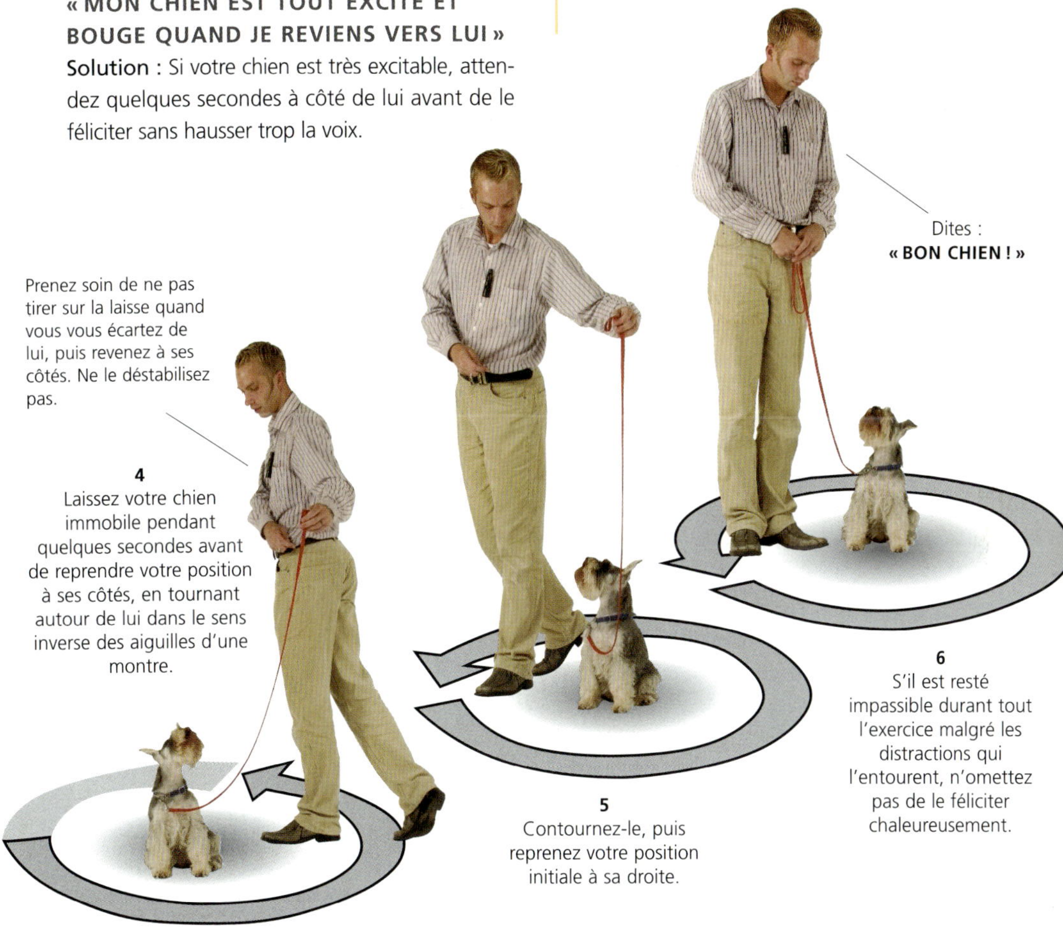

Prenez soin de ne pas tirer sur la laisse quand vous vous écartez de lui, puis revenez à ses côtés. Ne le déstabilisez pas.

**4**
Laissez votre chien immobile pendant quelques secondes avant de reprendre votre position à ses côtés, en tournant autour de lui dans le sens inverse des aiguilles d'une montre.

**5**
Contournez-le, puis reprenez votre position initiale à sa droite.

Dites :
**« BON CHIEN ! »**

**6**
S'il est resté impassible durant tout l'exercice malgré les distractions qui l'entourent, n'omettez pas de le féliciter chaleureusement.

# Quelques exercices

- Plus loin, plus longtemps, plus sûrement.
- Débrouillez-vous pour devoir plus féliciter votre chien que le gronder.
- Il doit maintenant se tenir immobile sans être retenu par sa laisse.

## Sans bouger – Durée et distance

Normalement, ces exercices peuvent être effectués lors de la deuxième semaine de dressage, bien que certains chiens progressent plus vite que d'autres. Le plus difficile consiste à augmenter le temps durant lequel votre chien reste immobile. S'il parvient à rester assis 3 minutes entières, alors que vous êtes à environ 3 mètres de lui, et s'en montre capable régulièrement, cela voudra dire qu'il est très obéissant.

À ce stade de l'entraînement, lâchez sa laisse et éloignez-vous de lui jusqu'à environ 2 mètres. Commencez aussi à le laisser plus longtemps assis, environ 1 minute par exemple. S'il tente de bouger, répétez l'ordre « Assis ! ». S'il vient vers vous, replacez-vous près de lui et remettez-le dans la même position qu'au début de l'exercice. Les chiens savent comment ils étaient placés mais essaient par tous les moyens de se rapprocher de vous. Si le vôtre reste assis sans bouger pendant 1 minute et que vous pouvez revenir tranquillement auprès de lui et le féliciter trois fois lors de chaque séance, vous êtes sur la bonne voie. En revanche, n'essayez pas d'augmenter le temps durant lequel il doit rester immobile aussi longtemps qu'il a du mal à se tenir sans bouger. Cela vous obligerait à lui dire « non » plus souvent que vous ne le féliciteriez, et risquerait de réduire la confiance qu'il a en vous et le plaisir qu'il retire de l'exécution de ces exercices.

**1**
Au bout de trois semaines de dressage, votre chien doit apprendre à rester assez longtemps assis sans bouger.

**7**
Répétez l'ordre « Pas bouger ! » lorsque vous êtes sur le point de tourner autour de lui.

Répétez :
**« PAS BOUGER ! »**

Dites :
**« PAS BOUGER ! »**

**2**
Lâchez la laisse et faites un geste de la main pour bien signifier à votre chien qu'il ne doit pas bouger.

**ÉLOIGNEZ-VOUS**

**3**
Lorsque vous vous éloignez d'environ 3 mètres de lui, veillez à ce qu'il reste attentif. Répétez si nécessaire l'ordre « Pas bouger ! », en le renforçant par un geste de la main.

## MARCHER EN ROND AVEC SON CHIEN

**8**
Une fois que vous avez repris votre position initiale, placez votre pied gauche sur la laisse.

**9**
Reprenez la laisse en main. Notez que sur l'illustration le chien est très attentif à son maître et n'a pas bougé quand ce dernier passait derrière lui.

**10**
Il mérite certainement de nombreux compliments et éventuellement une petite récompense gourmande.

### TOURNEZ AUTOUR DE VOTRE CHIEN

**6**
Revenez vers lui d'un pas rapide et déterminé. Si vous trainez, il risque de s'impatienter et de céder à la tentation de venir à votre rencontre.

Répétez :
**PAS BOUGER ! »**

**5**
Une fois que votre chien a prouvé qu'il pouvait rester assis sans bouger pendant longtemps, revenez vers lui. S'il bouge pendant l'exercice, faites-lui reprendre sa position initiale.

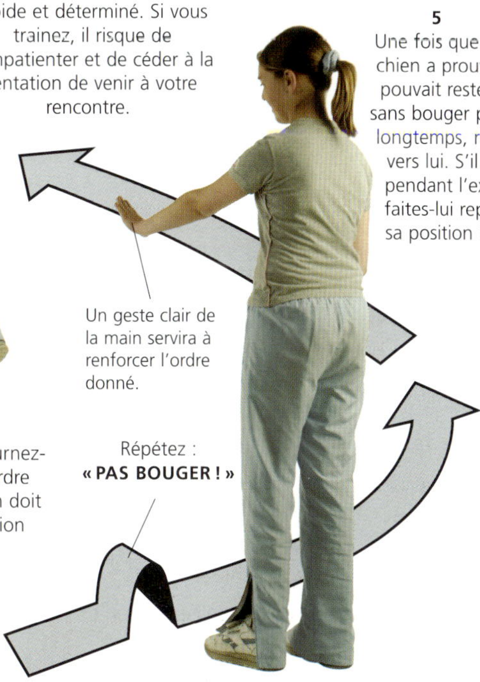

Un geste clair de la main servira à renforcer l'ordre donné.

**4**
Lorsque vous êtes loin, retournez-vous vers lui et réitérez l'ordre « Pas bouger ! ». Votre chien doit rester dans la même position pendant 1 minute.

Répétez :
**« PAS BOUGER ! »**

# Quelques exercices (suite)

- À force de forcer sa force à cet effort…
- … votre chien trouvera de plus en plus facile de rester immobile.
- L'objectif sera, dès lors, de consolider les acquis.

## Combien de temps le laisser immobile ?

Au cours de la première semaine, la plupart des chiens tiennent sans bouger, assis ou couchés, pendant près de 30 secondes. Il faut en général une semaine de plus pour parvenir au même résultat dans la position debout, car la tentation est alors beaucoup plus forte de venir vers vous.

À la fin de la deuxième semaine, votre chien pourra rester assis sans bouger 2 minutes lorsque vous serez à 2 mètres de lui. Il devrait pouvoir rester tout aussi longtemps couché sans bouger quand vous êtes à 5 mètres, voire plus, de lui. En revanche, ce programme de dressage ne prévoit pas de le laisser debout immobile plus de 1 minute pour des raisons de confort et de sagesse. Pendant la troisième semaine, vous devriez parvenir à ce qu'il reste assis sans bouger pendant 2 minutes au maximum, et couché sans bouger pendant environ 3 minutes.

## Conseils de dressage

Rappelez-vous qu'il est astucieux d'avoir placé des crochets dans les endroits stratégiques de votre maison, pour y fixer la laisse avant d'entraîner votre chien à rester assis, debout ou couché sans bouger. S'il se met à bouger ou à vouloir vous suivre, il sera aussitôt arrêté. Si vous répétez à ce moment-là l'ordre « Pas bouger ! », il établira un rapport avec cette halte forcée, ce qui sera pour vous d'une grande aide.

Si votre chien bouge plus qu'il ne reste immobile, et obtient plus de reproches que de compliments, arrêtez. Choisissez de préférence un exercice qu'il

### ESSAIS

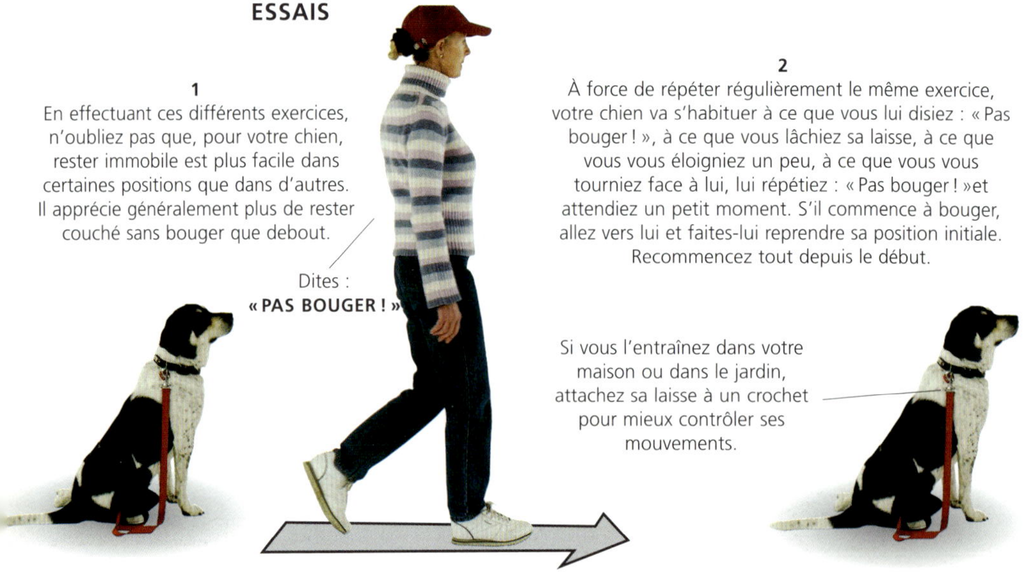


**1**
En effectuant ces différents exercices, n'oubliez pas que, pour votre chien, rester immobile est plus facile dans certaines positions que dans d'autres. Il apprécie généralement plus de rester couché sans bouger que debout.

**2**
À force de répéter régulièrement le même exercice, votre chien va s'habituer à ce que vous lui disiez : « Pas bouger ! », à ce que vous lâchiez sa laisse, à ce que vous vous éloigniez un peu, à ce que vous vous tourniez face à lui, lui répétiez : « Pas bouger ! » et attendiez un petit moment. S'il commence à bouger, allez vers lui et faites-lui reprendre sa position initiale. Recommencez tout depuis le début.

fait bien et attendez la séance suivante pour recommencer. Ne répétez pas le même exercice outre mesure, sinon cela risque de le gêner et de le désorienter. Cela ralentit son apprentissage et fait disparaître toute impression de jeu.

Si votre chien semble au contraire amorphe et peu intéressé, distrayez-le en jouant à la balle ou avec un jouet musical pendant 1 minute ou 2 avant de reprendre l'exercice. La séance terminée, n'oubliez pas de jouer avec lui afin qu'il associe le dressage à quelque chose d'amusant.

## JOUEZ AVEC VOTRE CHIEN

**Ci-dessous à gauche et à droite :** Certains jours, votre chien peut ne pas être dans son assiette et manquer de motivation. Rien de particulièrement anormal à cela, nous avons, nous aussi, nos bons et nos mauvais jours. S'il ne réagit pas comme vous l'espérez pendant un exercice, ne le lui faites pas répéter plusieurs fois. À la place, jouez avec une balle ou un jouet en chiffon afin de lui redonner de l'entrain et d'éveiller son intérêt.

Toute son attitude vous dit bien qu'il n'est pas intéressé.

« Qui tirera le plus fort ? » Ce jeu redonnera de l'énergie à votre chien s'il semble un peu mou.

Dites : **« PAS BOUGER ! »**

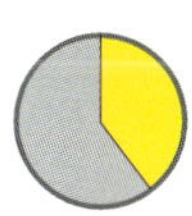

**2 minutes :** À la fin de la deuxième semaine, votre chien doit pouvoir rester assis sans bouger au moins 2 minutes.

**3**

Une fois que le temps prévu s'est écoulé, revenez près de votre chien et prenez sa laisse. Si la deuxième semaine de dressage s'est bien déroulée, consolidez les acquis pendant la troisième.

Félicitez votre chien sans hausser la voix en vous approchant de lui car, si vous l'excitez, il risque de bouger.

# Troisième semaine

- 3 semaines, 3 minutes. Ça n'est pas compliqué !
- Sachez créer un climat de calme autour de lui.
- Utilisez les chiens de vos amis pour tester l'obéissance du vôtre.

## Troisième semaine d'exercices

À la fin de la troisième semaine, votre chien doit être capable de rester sans bouger dans une position donnée. Continuez alors à tester son obéissance chez vous ou dans votre jardin, mais, à présent, tâchez de l'entraîner dans des lieux publics. Si vous faites bien les choses, il devrait pouvoir tenir couché sans broncher pendant 3 minutes.

Demandez alors à des amis de promener leurs chiens en laisse à 3 mètres du vôtre, auquel vous aurez ordonné de rester couché. Dans un premier temps, ne vous écartez pas de lui de plus de 1 mètre, même si, à la maison, il obéit quand vous vous trouvez à 5 mètres de lui. S'il bouge en voyant passer les autres chiens, dites : « Pas bouger ! » avec fermeté et autorité. Les premières fois que vous le soumettez à cette expérience, gardez sa laisse en main. S'il se précipite vers ses congénères, tirez légèrement sur la laisse et dites : « Assis, pas bouger ! » Ne commencez à vous éloigner à 2 mètres de lui que lorsqu'il restera assis ou couché sans s'agiter malgré les distractions. N'oubliez pas qu'il doit obéir partout à l'ordre « Pas bouger ! » et comprendre que c'est ce que vous exigez de lui.

Certains chiens restent immobiles quelles que soient les tentations. Mais d'autres ont du mal à rester concentrés lorsque des gens marchent à côté d'eux ou jouent au ballon, par exemple. En dépit des points faibles de votre chien, rappelez-vous que vous devez toujours pouvoir le contrôler. Vous aurez besoin de beaucoup de patience, mais vos efforts seront en général récompensés.

## Problèmes courants :

### D'AUTRES PERSONNES ARRIVENT ET ENCOURAGENT VOTRE CHIEN À SAUTER OU DÉTOURNENT SON ATTENTION

**Solution :** Expliquez-leur que vous dressez votre chien et que ce dernier ne doit pas profiter de leur présence pour désobéir. Dites-leur qu'elles ne doivent le caresser que s'il est assis et brièvement.

**Ci-dessous :** Quand vous ordonnez à votre chien de rester immobile dans un parc, soyez prêt(e) à ce qu'il réagisse à tout ce qui l'entoure, aux autres chiens, aux passants, ainsi qu'aux joggeurs. Montrez-vous patient(e) et tenez-le en laisse dans un premier temps pour pouvoir le contrôler en cas de besoin.

Lorsqu'il est entouré de ses congénères, votre chien a plus de mal à obéir que dans l'intimité d'un jardin.

## QUELQUES DISTRACTIONS

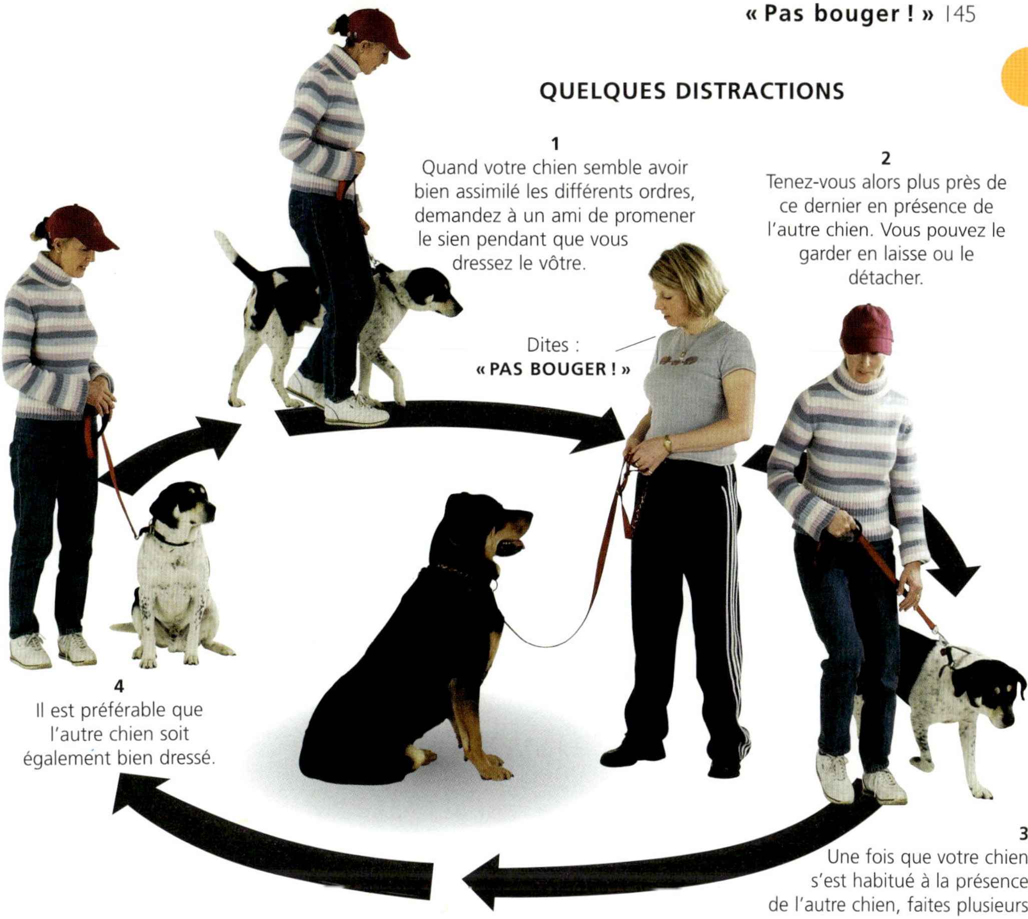


**1**
Quand votre chien semble avoir bien assimilé les différents ordres, demandez à un ami de promener le sien pendant que vous dressez le vôtre.

**2**
Tenez-vous alors plus près de ce dernier en présence de l'autre chien. Vous pouvez le garder en laisse ou le détacher.

**3**
Une fois que votre chien s'est habitué à la présence de l'autre chien, faites plusieurs exercices en compagnie de ce dernier.

**4**
Il est préférable que l'autre chien soit également bien dressé.

Si d'autres maîtres à côté de vous semblent incapables de maîtriser leurs chiens, demandez-leur poliment de les éloigner. Si cela n'a aucun effet, dirigez-vous vers un endroit plus calme.

### IL Y A BEAUCOUP DE CHIENS ERRANTS DANS LE PARC

**Solution :** Demandez à un(e) ami(e) de les chasser pendant que vous dressez le vôtre.

## Jeux et distractions

Une fois la séance de dressage terminée, jouez avec votre chien au lieu de le laisser s'ébattre et se distraire tout seul. Rappelez-vous que vous êtes le chef et qu'il doit s'intéresser en priorité à vous. Cela ne signifie pas qu'il n'ait pas le droit de jouer avec d'autres chiens, mais mieux vaut le lui interdire pendant la période de dressage. S'il montre beaucoup d'intérêt pour ses congénères, évitez de le laisser en leur compagnie tant qu'il n'est pas assez obéissant.

## Le retour

Beaucoup de personnes me disent en jubilant qu'après une séance de dressage dans un parc, leur chien se conduit bien mieux sur le chemin du retour. Les chiens sont en effet comme les enfants à la fin d'une journée excitante : fatigués. Cela ne signifie pas pour autant qu'ils soient plus obéissants. Continuez à leur donner des ordres sur le chemin du retour, mais n'exigez pas d'eux une attention parfaite. Il ne s'agit pas vraiment de désobéissance, plutôt d'une réaction naturelle après de nombreux exercices.

CHAPITRE 9

# Le rappel

# Le rappel

- Pourquoi un chien reviendrait-il du simple fait que son maître l'appelle ?
- L'autorité doit précéder l'obéissance.
- Un maître inconscient et laxiste se prépare de mauvaises surprises.

Pour des raisons de sécurité, il est très important d'apprendre à votre chien à revenir vers vous quand vous l'appelez, quel que soit le lieu où vous vous trouvez. Ce chapitre vous révélera différentes façons d'y parvenir. Ces techniques marchent avec la plupart des chiens. Par conséquent, si le vôtre ne réagit pas à votre appel, choisissez celle qui vous semble la plus adaptée.

Les méthodes que je propose dans cet ouvrage permettent en effet de dresser tous les chiens, même les plus difficiles. Il suffit de comprendre la façon dont ils assimilent les ordres donnés pour parvenir à les faire obéir au moyen d'exercices appropriés.

## Pourquoi des problèmes surviennent-ils ?

Pourquoi tant de personnes trouvent-elles difficile de faire revenir leur chien ? Et pourquoi certains chiens prennent-ils un malin plaisir à faire courir leur maître ? Les raisons qui expliquent ces phénomènes en sont aussi souvent la cause. Tout d'abord, il arrive qu'un chien soit puni verbalement ou physiquement après être revenu tardivement auprès de son maître. Ce dernier pense que l'animal va associer son mécontentement et la punition reçue pour ne pas avoir obéi assez vite. Mais un chien ne fait pas de tels rapprochements,

et la réaction violente de son maître n'aura d'autre résultat que de détruire la confiance qu'il a en lui. Punir votre chien après l'avoir rattrapé conduira seulement ce dernier à établir un lien de cause à effet entre le moment où vous l'avez rejoint et la correction administrée.

## Qu'est-ce qu'un maître laxiste ?

C'est un maître qui laisse son chien découvrir tout seul le monde qui l'entoure sans intervenir car il aime le regarder jouer avec les autres, ce qui peut paraître tout à fait normal aux yeux d'un simple observateur. Malheureusement, beaucoup de chiens finissent par considérer ce genre de maître comme leur égal, et non comme une personne qu'ils doivent impérativement écouter. Or, si un chien n'écoute plus son maître, il devient très aléatoire pour ce dernier d'attirer son attention, et donc de le faire revenir quand il l'appelle.

Il n'est pas facile d'attirer l'attention d'un chien quand il joue.

Dès lors, le maître a du mal à se faire obéir. Ayant découvert le plaisir de courir après ses congénères, son chien n'a pas envie de répondre à son appel. Il ne trouve pas cela amusant ni intéressant. En outre, pourquoi devrait-il revenir simplement parce que son maître désire, lui, rentrer ? Les personnes qui connaissent ce genre de problèmes se débrouillent tant bien que mal pour récupérer leur chien, demandant souvent le secours d'autres personnes pour arriver à le saisir par son collier. Mais lorsque leur chien apprend petit à petit à déjouer leurs stratagèmes, ils se retrouvent dans une véritable impasse. Si vous êtes concerné(e), vous trouverez ici des solutions pour vous remettre en phase avec votre chien. Quand vous aurez appris l'autorité, votre chien aura appris l'obéissance.

**Faites attention !**
Si un chien ne revient pas quand son maître l'appelle, c'est souvent la faute de ce dernier. Un maître qui n'éduque pas son chien et le laisse folâtrer à sa guise dans un parc risque, par la suite, d'avoir de mauvaises surprises.

## Un dressage tardif

De nombreux maîtres affirment avoir été mal informés par des personnes qui leur ont dit qu'il ne fallait pas dresser leur chien trop tôt. Il s'agit d'une erreur, qui vous fera perdre beaucoup de temps. Vous vous en rendrez compte si vous recueillez un chien qui n'a jamais été dressé. Il faut s'occuper de l'éducation d'un chiot dès qu'il a 6 semaines, surtout en ce qui concerne l'apprentissage du rappel. Son désir naturel de rester près de vous facilite les choses, par conséquent ne « ratez pas le coche ». Évitez d'être laxiste. En grandissant, le chiot aura tendance à s'éloigner de plus en plus de vous. Il deviendra plus sûr de lui et vous réaliserez alors le fond du problème. N'hésitez donc pas à commencer le dressage de votre chien dès le premier jour de son arrivée dans votre maison.

Ce chien montre des signes d'agressivité destinés à remettre le jeune chiot à sa place.

Le fait de côtoyer d'autres chiens permet au chiot de se situer par rapport aux autres, mais ne le laissez pas en faire trop à sa tête. Dressez-le quand il est encore jeune. Sur cette illustration, le chiot s'intéresse à l'autre chien, il ne pense pas du tout à son maître.

Ce chiot est livré à lui-même alors qu'il cherche à entrer en contact avec le grand chien, qui ne manifeste aucun enthousiasme.

# Dresser les chiots

- Utiliser les instincts de votre chien vous facilitera son dressage.
- Le jeu est le meilleur moyen d'inculquer à un chiot le b.a.-ba du dressage.
- Certaines races sont plus difficiles à dresser, soyez vigilant(e) !

## Les instincts du chien

Un chien naît avec des instincts qui lui permettent de survivre dans la nature, comme son cousin le loup. Lorsqu'il n'est qu'un chiot, il commence à explorer son environnement. Il s'intéresse aux odeurs exotiques qui l'entourent, aux chiens qu'il rencontre et avec lesquels il joue, et observe tout ce qui se passe dans son voisinage. Tandis qu'il fait toutes ces expériences, vous êtes souvent le cadet de ses soucis, à moins que vous n'ayez déjà commencé à le dresser et qu'il soit très attaché à vous. Mais ne vous faites pas d'illusions, même si vous consacrez beaucoup de temps à l'éduquer, il n'en restera pas moins un chien, qui suivra ses instincts aussi bien chez vous qu'à l'extérieur.

Une fois qu'il a découvert quelque chose d'intéressant, le chien a tendance à être très affairé. Il n'y a rien de mal à cela tant que vous parvenez à l'interrompre quand c'est nécessaire. Vous pouvez, en effet, souhaiter le rappeler pour qu'il cesse d'importuner une personne qui n'apprécie pas ses marques d'affection. Il n'obéira que s'il a une bonne raison de le faire et celle-ci devra alors l'emporter sur tout le reste. Là est bien le cœur du problème. Nous aimons tous voir notre chien gambader à travers un parc et courir après ses congénères, spectacle naturel et merveilleux. Ces rencontres fortuites avec d'autres chiens jouent en outre un rôle essentiel dans sa socialisation, lui permettant d'avoir une attitude positive non seulement vis-à-vis des chiens, mais aussi des personnes et de son environnement.

**Ci-contre :** Tout au long de sa croissance, le chiot explore ce qui l'entoure afin de mieux comprendre le milieu dans lequel il évolue.

En d'autres termes, cela le prépare à vivre dans notre monde. Cependant, il devra également obéir à certaines règles pour survivre, et tel est précisément l'objectif du dressage.

La plupart des chiens aiment rapporter les objets qu'on leur lance. Autant, donc, utiliser cette disposition naturelle pour les faire revenir quand on les appelle ou pour les inciter à effectuer certains exercices. Les méthodes décrites dans ce livre vous permettront de modifier le comportement de votre chien. Choisissez celle qui vous semble lui convenir le mieux. Parfois, il est préférable d'en combiner plusieurs afin d'accélérer les choses.

## Rappeler le chiot

Si vous avez un jeune chiot et souhaitez prendre un bon départ, commencez à le dresser dès qu'il arrive chez vous. Doté d'un instinct grégaire très développé, le chiot a tendance à vouloir rester auprès de celui qu'il considère comme un chef de meute. Or, c'est vous qui devez assumer ce rôle. Si vous savez jouer avec la psychologie de votre chien et comprenez ses instincts, vous aurez moins de mal à lui apprendre à rapporter quelque chose. En outre, si vous parvenez à établir une relation très forte avec lui, vous arriverez mieux à vous faire obéir lors de l'exercice de rappel.

Lorsque vous achetez des jouets pour un chiot ou un chien adulte, assurez-vous qu'ils soient de qualité. Familiarisez votre chiot avec des activités ludiques en l'incitant, notamment, à rapporter ses jouets. S'il y prend un réel plaisir, il aura tendance à réagir correctement lors du rappel. Vous devez mener le jeu et votre statut de chef doit vous permettre de retirer son jouet à votre chien sans qu'il proteste. S'il s'amuse vraiment bien avec, vous pourrez vous servir du jouet au cours d'autres exercices.

**Vous avez des problèmes lors du rappel ?**

- Vous avez laissé votre chiot s'adonner aux activités qu'il préfère sans intervenir.
- Vous n'avez pas assumé tout de suite votre rôle de chef.
- Vous avez choisi une race de chien difficile à dresser compte tenu de votre manque d'expérience.
- Vous n'avez pas dressé votre chiot chaque jour afin de pouvoir affronter toutes les situations.
- Vous avez tardé à dresser votre chiot et laissé passer une période pourtant cruciale.
- Vous n'avez pas appris à votre chiot à revenir quand vous l'appelez, y compris chez vous, dès le premier jour de son arrivée.

## DRESSER UN CHIOT

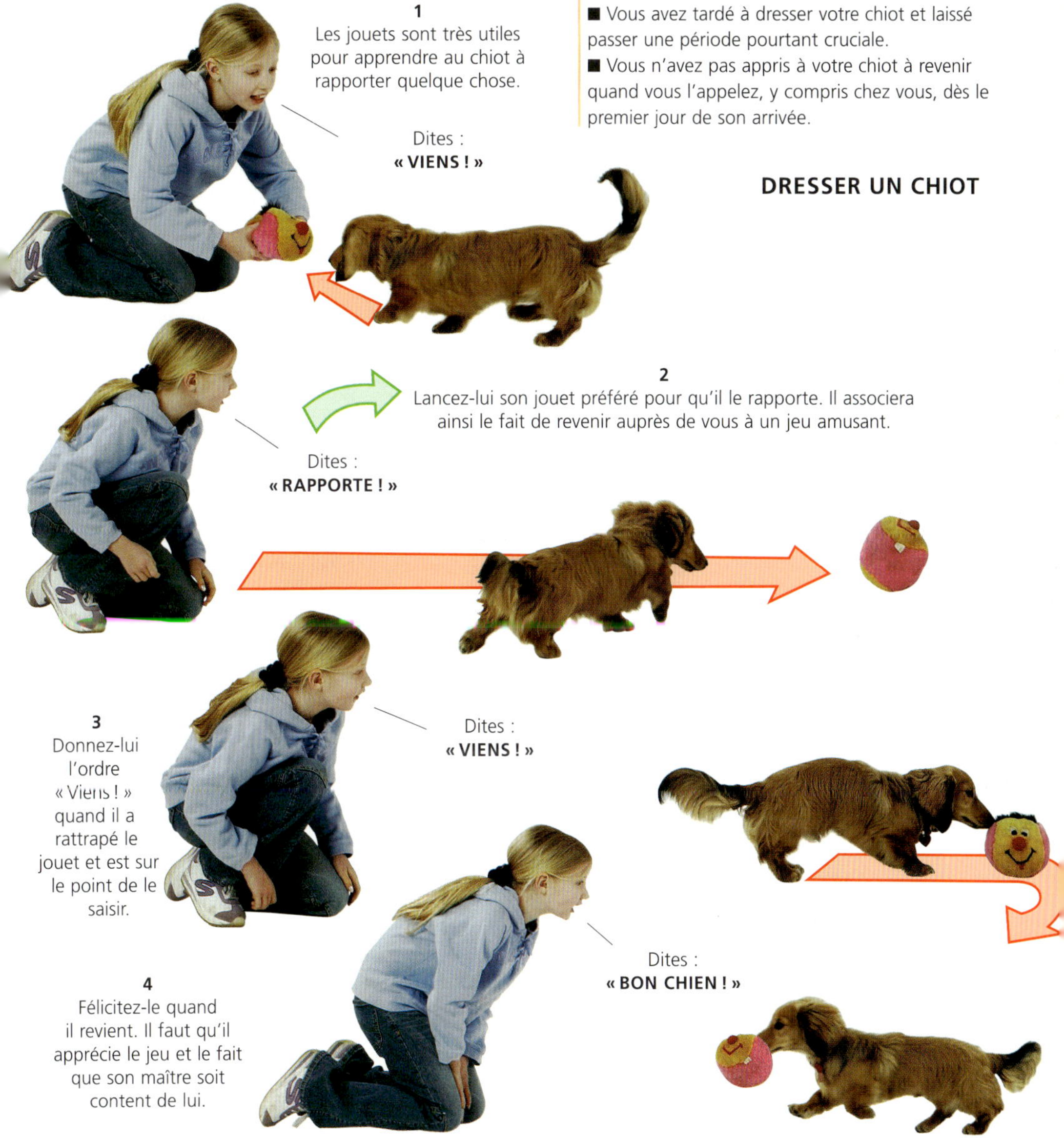

**1**
Les jouets sont très utiles pour apprendre au chiot à rapporter quelque chose.

Dites :
**« VIENS ! »**

**2**
Lancez-lui son jouet préféré pour qu'il le rapporte. Il associera ainsi le fait de revenir auprès de vous à un jeu amusant.

Dites :
**« RAPPORTE ! »**

**3**
Donnez-lui l'ordre « Viens ! » quand il a rattrapé le jouet et est sur le point de le saisir.

Dites :
**« VIENS ! »**

**4**
Félicitez-le quand il revient. Il faut qu'il apprécie le jeu et le fait que son maître soit content de lui.

Dites :
**« BON CHIEN ! »**

# Rappel à l'aide d'un jouet

- Un chien adore être félicité par celui en qui il voit son chef de meute.
- Son jouet préféré doit toujours revenir entre vos mains.
- Lancez-le juste au moment où il va l'attraper.

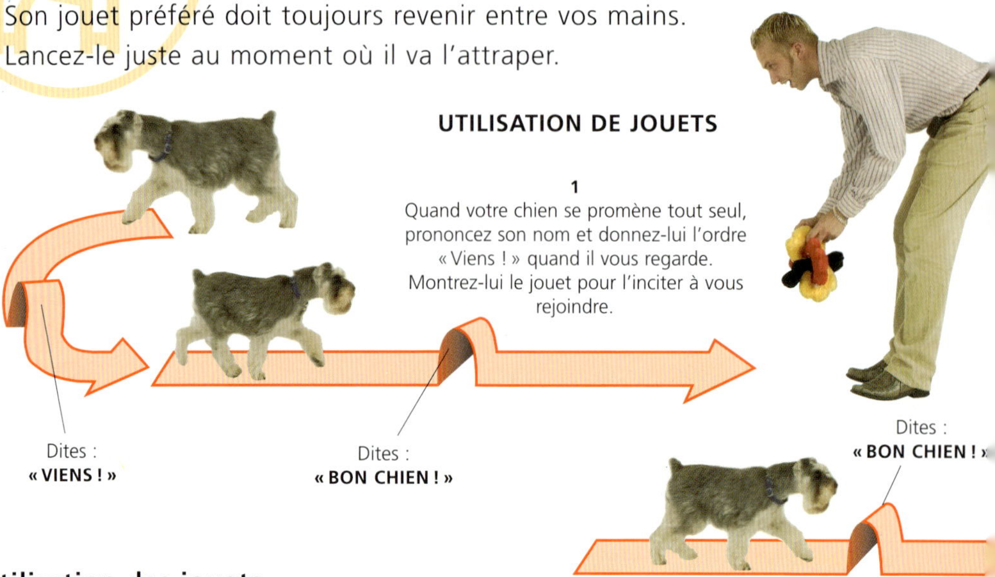


**UTILISATION DE JOUETS**

**1**
Quand votre chien se promène tout seul, prononcez son nom et donnez-lui l'ordre « Viens ! » quand il vous regarde. Montrez-lui le jouet pour l'inciter à vous rejoindre.

## Utilisation des jouets (sans risque pour les chiots)

Si votre chien aime rapporter ses jouets, commencez par sélectionner les deux qu'il préfère (identiques de préférence). Pour certains, cela peut être un vieux morceau de corde ou un jouet musical imitant le cri d'une proie. Aussi étrange que cela puisse paraître, mieux vaut dissimuler tous les autres jouets dans une boîte pendant tout le temps que durera le dressage. Pourquoi ? Parce que votre chien doit toujours être excité en voyant ses jouets préférés et les associer au jeu qui va suivre. Il n'a en effet absolument aucun moyen d'imaginer que vous vous en servez pour lui apprendre l'obéissance. À leur vue, il se rappelle seulement qu'il s'est bien amusé la dernière fois que vous avez joué avec lui. Ces jouets doivent l'inciter à s'intéresser à vous et l'aider à envisager le rappel comme un jeu.

Commencez par dissimuler le jouet musical dans l'une de vos poches, puis promenez-vous dans la maison ou le jardin. L'exercice de rappel présente l'intérêt de rompre la monotonie des ordres « Assis ! », « Debout ! » et « Couché ! ». Si les activités sont variées, l'attention de votre chien ne faiblira pas. Appelez-le d'un ton sec, faites une pause, puis donnez-lui l'ordre « Viens ! » quand il se met à regarder autour de lui. Montrez-lui le jouet, brandissez-le ou pressez-le pour qu'il fasse du bruit. Si votre chien se précipite dessus, félici-

tez-le. (Il est primordial de le féliciter au moment où il avance, et non quand il est déjà à vos pieds.) Dès qu'il est près de vous, lancez son jouet de façon qu'il le rapporte. Ne lui demandez pas de s'asseoir, contentez-vous de lancer le jouet. S'il le rapporte, félicitez-le chaleureusement. Récupérez ensuite le jouet en question.

**Félicitez votre chien au bon moment**
Les chiens adorent être félicités par celui qu'ils considèrent comme un « chef de meute ». Essayez donc de faire preuve d'énergie quand vous dressez le vôtre et réagissez de façon positive quand il vous obéit. Si vous manquez de vivacité, cela se ressentira sur les résultats.

**2**
Félicitez-le quand il se précipite vers vous à l'idée de jouer.

**3**
Félicitez-le encore lorsqu'il est à vos pieds. Vos encouragements constitueront pour lui une motivation supplémentaire.

**4**
Dès qu'il est auprès de vous, lancez le jouet pour qu'il le rapporte.

**5**
Lorsqu'il le ramène, dites-lui que c'est très bien. Cet exercice doit lui paraître un jeu.

# Apprendre le rappel avec un jouet

- Détournez l'attention de votre chien avec un second jouet.
- Riez, dansez, enfin motivez-le s'il a l'air d'hésiter.
- En rapportant son jouet, il apprend à revenir quand vous l'appelez.

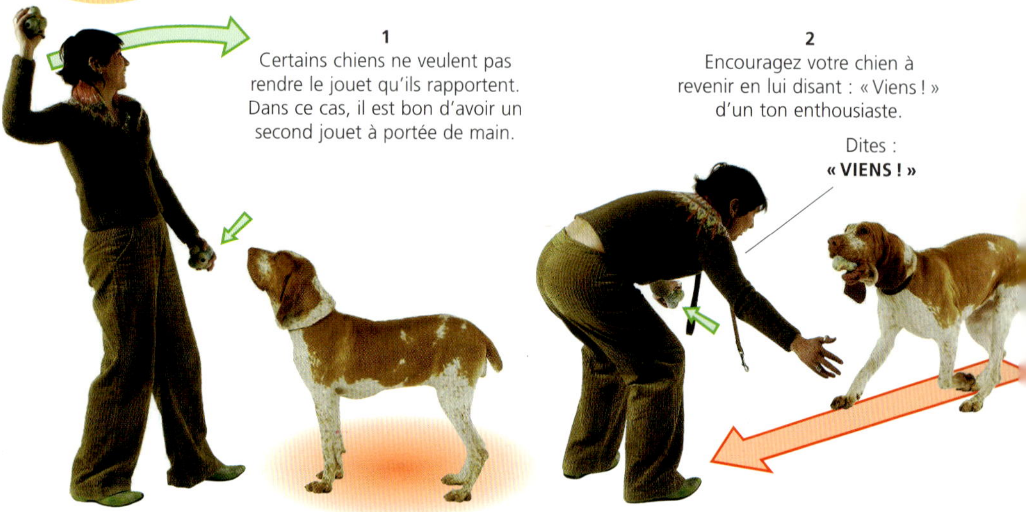


**1**
Certains chiens ne veulent pas rendre le jouet qu'ils rapportent. Dans ce cas, il est bon d'avoir un second jouet à portée de main.

**2**
Encouragez votre chien à revenir en lui disant : « Viens ! » d'un ton enthousiaste.

Certains chiens ne rapportent pas le jouet. C'est un phénomène courant qui s'explique par leur nature possessive. Dans ce cas, sortez le second jouet mis de côté. Votre chien abandonnera peut-être celui qu'il tient déjà. Il faut dire qu'il préfère en général les choses que vous avez en main. Dès qu'il vient quand vous pressez le jouet en disant : « Viens ! », ajoutez l'ordre « Assis ! ». Ensuite félicitez-le, puis prononcez le mot « Allez ! », pour lui signifier qu'il est libre de faire ce qu'il veut. Il se peut qu'il continue à vous fixer avec l'air d'attendre quelque chose, car l'ordre « Allez ! » n'évoquera rien pour lui, au départ. Dans ce cas, ignorez-le puis partez dans le jardin, ou ailleurs, jusqu'à ce qu'il s'éloigne lui aussi. Puis répétez l'exercice depuis le début. Entraînez votre chien au rappel entre cinq et dix fois par jour pendant la première semaine. S'il réagit vite quand vous l'appelez et montre qu'il progresse, vous pourrez l'emmener dans un parc dès la première semaine. Tout dépend de son enthousiasme.

## Problèmes

### LE CHIEN SE DÉSINTÉRESSE DE SON JOUET

Solution :

- Choisissez un autre jouet.
- Assurez-vous qu'il ne joue pas avec d'autres jouets à d'autres moments.
- Ne l'entraînez-vous pas trop ?
- L'entraînez-vous quand il manque d'énergie ?
- Disposez-vous de deux jouets ?

### LE CHIEN S'ARRÊTE À MI-CHEMIN

Solution :

- S'il ralentit en s'approchant de vous, sautez et reculez précipitamment.
- Quand il vient vers vous, penchez-vous, car cela l'intimidera moins s'il a tendance à être craintif.
- Attachez une laisse fine et courte (2 mètres) à son collier. Ainsi, vous contrôlerez mieux ses mouvements et l'empêcherez de s'enfuir avec le jouet.

## DRESSER LE CHIEN AVEC DEUX JOUETS

**3**
S'il refuse de vous rendre le jouet, montrez-lui le second. Normalement, il devrait s'intéresser davantage à celui que vous tenez et, de ce fait, lâcher le premier.

**4**
Félicitez-le, puis recommencez l'exercice en lançant le second jouet. En substituant un jouet à l'autre, vous garderez le contrôle de la situation.

## EN FAIRE UN JEU

**1**
Si votre chien s'arrête à mi-chemin, rappelez-vous qu'il est important d'avoir l'air enthousiaste lors du dressage. Alors, n'hésitez pas à vous montrer théâtral(e).

**2**
Dites à votre chien de venir, sautez, puis reculez de façon à ce que l'exercice de rappel se transforme en véritable jeu.

**3**
Félicitez votre chien quand il vous rejoint. Il doit être motivé et prêt à recommencer l'exercice depuis le début.

# Rappel en tenant le chien en laisse

- La laisse a pour fonction essentielle de limiter la liberté de votre chien.
- Tenu en laisse, il obéit : c'est que votre ordre est compris.
- Testez sa concentration avant de travailler sans laisse.

**1**
Pour appliquer cette méthode, vous devez attacher une laisse de 2 mètres au collier de votre chien. Donnez-lui ensuite l'ordre « Assis ! ».

Dites :
**« ASSIS ! »**

**2**
Allez aussi loin que la laisse vous le permet, en veillant à ce qu'elle ne soit pas tendue et ne risque pas de tirer sur le collier de votre chien.

## Rappel d'un chien tenu en laisse (sans danger pour les chiots)

Il est possible d'apprendre à votre chien à obéir aux ordres « Assis ! », « Pas bouger ! » et « Viens ! » en le tenant en laisse. Le même usage peut s'avérer utile pour lui enseigner le rappel. Mettez son collier à votre chien, et attachez-le avec une laisse de 2 mètres de long. Ordonnez-lui de s'asseoir et de ne pas bouger pendant que vous vous éloignez de 1 mètre. Faites alors volte-face, laissez passer quelques secondes et prononcez son nom pour attirer son attention. Puis proférez d'une voix ferme l'ordre « Viens ! ». Penchez-vous en avant et félicitez votre chien quand il s'approche de vous. Après plusieurs essais réussis, faites-le également asseoir lorsqu'il revient.

Bien des gens qui réussissent assez bien l'exercice de rappel avec la laisse trouvent difficile d'obtenir le même résultat quand leur chien est détaché. Pourtant, si ce dernier obéit quand il est tenu en laisse, cela signifie qu'il comprend ce que vous exigez de lui. N'oubliez pas de lui faire faire chaque jour des exercices l'obligeant à s'asseoir, à

**3**
Rappelez votre chien d'une voix ferme et penchez-vous légèrement pour l'encourager à accourir.

**4**
Félicitez votre chien quand il s'approche de vous. Ainsi, il se sentira apprécié et vous accordera son attention tout au long de l'exercice.

**5**
S'il répond régulièrement à votre appel, n'économisez ni vos caresses ni vos démonstrations d'affection. Il fera le lien entre ces récompenses et l'ordre donné et sera heureux de vous rejoindre.

se mettre debout, à se coucher et à rester sans bouger afin de le rendre de manière générale plus obéissant.

Pratiquez cet exercice de rappel en tenant votre chien en laisse chez vous, dans un jardin ou un parc. S'il obéit régulièrement, ajoutez quelques distractions. Par exemple, demandez à des personnes de passer en courant à côté de vous ou de se promener avec leur chien. Si le vôtre se laisse déconcentrer, recommencez l'exercice en respectant bien les différentes étapes.

# Rappel avec sifflet et nourriture

- L'appel du ventre peut aussi servir le rappel.
- Un coup de sifflet ponctue l'ordre « Viens ! ».
- Appât, sifflet, obéissance : le réflexe conditionné de Pavlov marche encore.

**1**
La première étape consiste à montrer à votre chien l'une des portions de nourriture que vous avez préparées. Laissez-le bien flairer ce que vous avez dans la main, mais ne lui donnez surtout rien. Cela viendra après...

**2**
Reculez en courant, donnez l'ordre « Viens ! », puis sifflez.

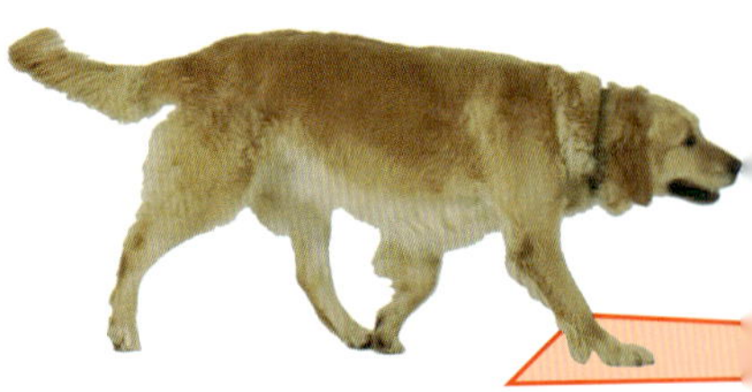

## Rappel à l'aide d'un sifflet et de nourriture (sans danger pour les chiots)

Cette méthode est recommandée quand le chien mange surtout de la viande. Elle n'a, en revanche, aucun intérêt s'il se nourrit d'aliments déshydratés contenant des additifs et des colorants.

Les chiens ont une bonne ouïe et, en général, aiment manger. Ce sont ces deux aspects qui sont pris en compte ici. Vous devrez emmener votre chien dans un lieu tranquille, dans un parc ou un jardin de préférence, et aurez besoin d'un sifflet et d'aliments. Divisez sa ration quotidienne en dix portions et placez ces dernières dans un récipient. Si votre chien est très difficile à faire revenir ou n'apprécie pas beaucoup les récompenses gourmandes, ne le nourrissez pas trop. Par exemple, laissez-le toute une journée sans lui donner à manger. Les chiens supportent cela sans problèmes. Cependant, évitez de réduire le régime alimentaire des chiots de moins de 6 mois.

Le jour suivant, appelez votre chien alors que vous êtes dans un jardin. Montrez-lui une portion de nourriture en tenant celle-ci dans l'une de vos mains, laissez-le la flairer, puis reculez précipitamment en lui donnant simultanément l'ordre « Viens ! » d'un ton enthousiaste, et en terminant par un coup de sifflet.

Attiré par la nourriture, votre chien doit vous suivre. Récompensez-le dès qu'il s'approche de vous. À ce stade, il n'est pas important de le faire asseoir, car il ne faut surtout pas l'interrompre dans son élan. Répétez l'exercice plusieurs fois, puis faites-lui faire autre chose. Vous lui donnerez au cours de la séance suivante la nourriture que vous n'avez pas utilisée. Ainsi commencera-t-il à associer l'ordre « Viens ! » au son du sifflet ainsi qu'à l'octroi d'une partie de son repas quotidien à son retour auprès de vous. C'est important.

Il aura maintenant une bonne raison de venir quand vous l'appelez, car sa conduite est souvent dictée avant tout par son estomac. Continuez à dresser ainsi votre chien pendant 3 jours, jusqu'à ce qu'il vous rejoigne régulièrement quand vous le lui ordonnez et quand le sifflet retentit. Évitez de le faire trop manger au cours des deux premières semaines d'exercices, surtout s'il n'est pas très porté sur la nourriture. Si c'est l'inverse, commencez à l'entraîner au rappel dans un coin tranquille, à l'intérieur d'un parc dès le premier jour. Cependant, il est souvent préférable de l'exercer d'abord dans un jardin clos jusqu'à ce qu'il obéisse régulièrement et ne réagisse plus aux distractions qui l'entourent.

**Ci-dessus :** Cette méthode tire parti de l'appétit de votre chien. Sa pitance quotidienne doit être divisée en dix portions qui serviront à le récompenser à chaque fois qu'il répondra à votre appel. Gardez-les dans un récipient facilement accessible.

**3**
La perspective d'une récompense gourmande doit inciter votre chien à accourir vers vous.

**4**
Lorsqu'il arrive, félicitez-le en lui disant qu'il est un « bon chien » et donnez-lui immédiatement la récompense.

Dites :
**« BON CHIEN ! »**

**5**
À ce stade, vous n'avez pas besoin d'insister pour qu'il s'assoie. Vous vous en occuperez lors de la phase suivante.

# Rappel avec sifflet et nourriture (suite)

- Et votre chien conditionné finira par répondre au seul coup de sifflet.
- Ses repas, fractionnés, lui seront servis en fonction de son obéissance.
- La méthode est idéale pour un maître à mobilité réduite.

Une fois que votre chien obéit et revient régulièrement quand vous l'appelez, contentez-vous de siffler pour lui indiquer qu'il doit vous rejoindre. À présent, faites-le asseoir, dès qu'il arrive à côté de vous. Lorsqu'il s'est joyeusement assis, accrochez sa laisse et faites-le marcher au pied pendant environ 3 à 4 minutes. Puis, ordonnez-lui de s'asseoir à nouveau et félicitez-le. Signifiez-lui qu'il est libre en lui disant : « Allez ! » et en vous éloignant. Répétez l'ensemble de l'exercice en l'appâtant avec de la nourriture. Il comprendra ainsi qu'il est normal qu'il soit parfois tenu en laisse, et que la décision de le lâcher revient à vous et à vous seul(e). Cet exercice sera très profitable s'il a tendance à assimiler l'usage de la laisse à la fin de la promenade et au moment de rentrer. En effet, si vous l'attachez et le détachez plusieurs fois au cours de sa promenade, il ne saura plus quand vous êtes sur le point de regagner votre domicile.

Cet exercice exige de la persévérance, mais le jeu en vaut la chandelle puisque votre chien finira par obéir immédiatement quand vous l'appelez. Au bout d'un certain temps, donnez-lui de nouveau à manger dans son écuelle et munissez-vous d'un petit sac rempli de morceaux de fromage ou de jambon pour le récompenser de temps à autre quand il revient vers vous au moment voulu.

## Rappel à l'aide d'un sifflet et de nourriture – Récapitulatif

- Votre chien apprend qu'il peut être nourri à tout moment pendant le dressage, à la maison comme à l'extérieur.
- Il comprend que le son du sifflet annonce une récompense gourmande.
- Pendant les 21 jours de dressage, il ne mange plus dans son écuelle.
- Il réalise qu'en obéissant également à l'ordre « Assis ! », il aura droit à davantage de félicitations.

**Conseils de dressage**

- N'appelez pas votre chien uniquement au moment de rentrer pour lui accrocher sa laisse.
- Rappelez-le à vous au moins dix fois pendant une promenade pour qu'il se mette à obéir régulièrement.
- Lorsqu'il réagit chaque fois correctement, donnez-lui également l'ordre de s'asseoir.
- Faites un jeu avec lui au cours de chaque promenade, de façon à maintenir son intérêt.

## ENTRAÎNEMENT DANS UN PARC

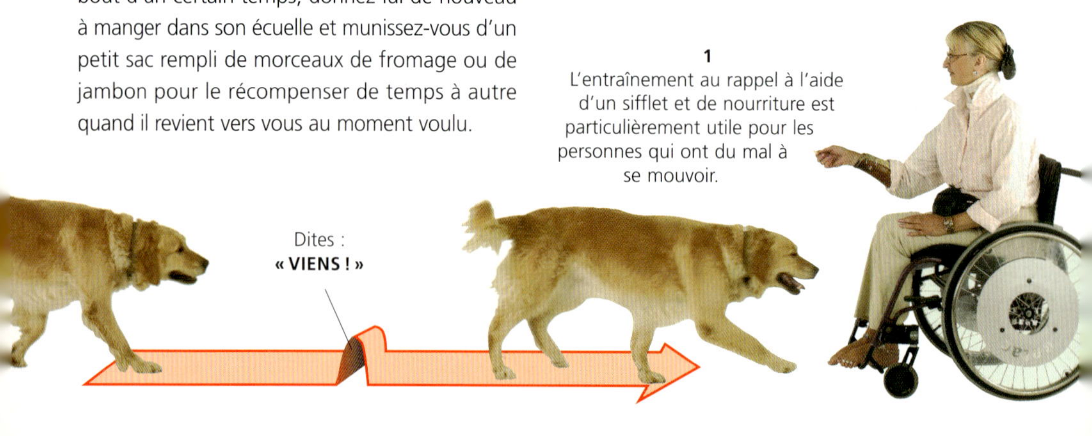


**1**
L'entraînement au rappel à l'aide d'un sifflet et de nourriture est particulièrement utile pour les personnes qui ont du mal à se mouvoir.

Au bout de 3 semaines, votre chien aura fait d'énormes progrès. Ne lui octroyez plus alors la nourriture que par intermittence, de façon qu'il revienne régulièrement. En effet, ne sachant pas quand il va être récompensé, il va continuer de répondre à votre appel dans l'espoir d'obtenir quelque chose. Il s'agira maintenant de friandises ou d'aliments supplémentaires que vous lui donnerez lors du dernier rappel ou quand vous êtes arrivé(e) chez vous.

**1**
Quand votre chien a fait des progrès, contentez-vous de le siffler pour attirer son attention et le rappeler.

**2**
Vous pouvez maintenant clore l'exercice en lui intimant l'ordre « Assis ! ».

**3**
Récompensez-le pour son obéissance en lui accordant une délicieuse friandise.

**4**
Il est bon de terminer l'exercice en mettant sa laisse à votre chien et en le faisant marcher au pied avant de l'autoriser à jouer à sa guise. Ainsi, il cessera d'associer la laisse au moment du retour.

**2**
Pour votre chien, la perspective d'un peu de nourriture est une raison suffisante pour avoir envie de revenir auprès de vous. Il ne s'attend plus à ce que son repas lui soit donné uniquement dans son écuelle.

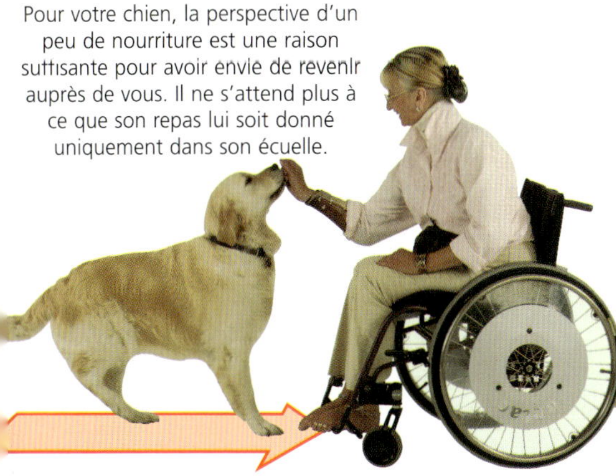

**3**
N'oubliez pas de le féliciter chaque fois qu'il vous rejoint et s'assoit avec obéissance.

# Rappel à l'aide d'une longue laisse

■ Méthode uniquement destinée aux chiens adultes ou aux chiots de grande taille.

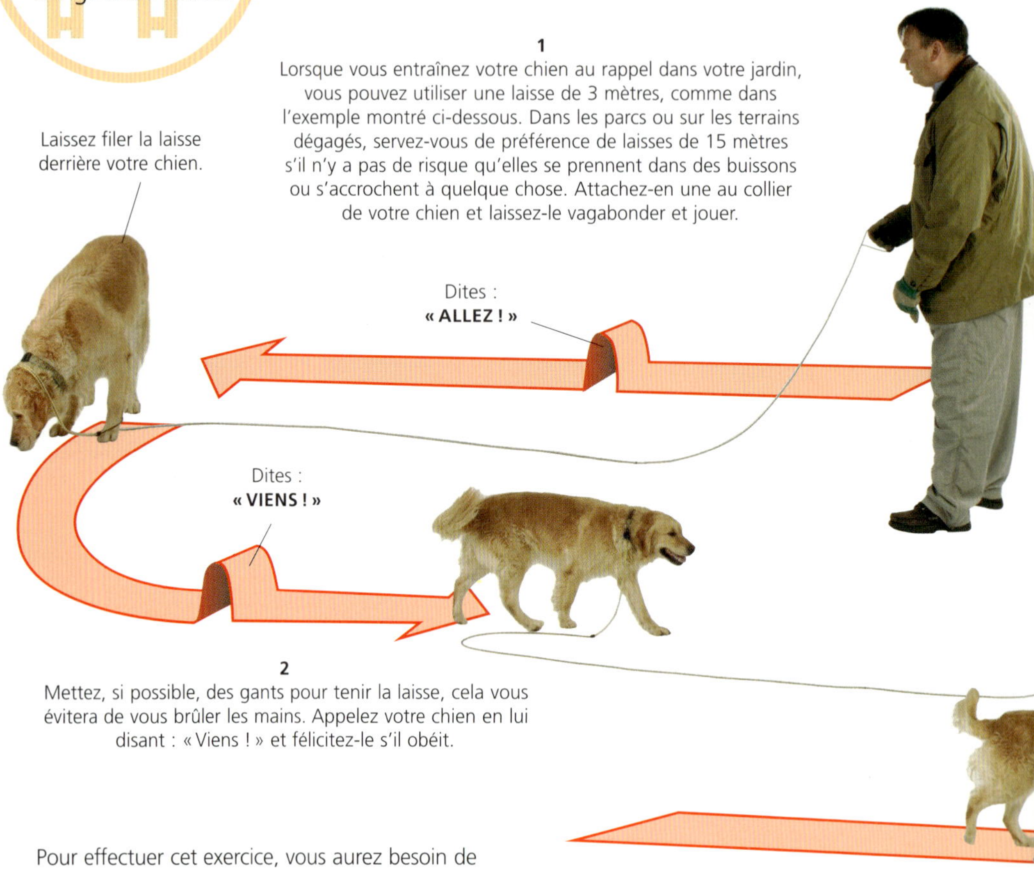


**1**
Lorsque vous entraînez votre chien au rappel dans votre jardin, vous pouvez utiliser une laisse de 3 mètres, comme dans l'exemple montré ci-dessous. Dans les parcs ou sur les terrains dégagés, servez-vous de préférence de laisses de 15 mètres s'il n'y a pas de risque qu'elles se prennent dans des buissons ou s'accrochent à quelque chose. Attachez-en une au collier de votre chien et laissez-le vagabonder et jouer.

**2**
Mettez, si possible, des gants pour tenir la laisse, cela vous évitera de vous brûler les mains. Appelez votre chien en lui disant : « Viens ! » et félicitez-le s'il obéit.

Pour effectuer cet exercice, vous aurez besoin de deux laisses de longueurs différentes, d'une paire de gants épais et de récompenses gourmandes, si ces dernières s'avèrent nécessaires (elles ne seront pas prises sur le repas quotidien de votre chien comme lors des exercices précédents). Avant l'apparition des colliers électroniques de dressage à distance (décrits pp. 174-175), la longue laisse en nylon était le seul moyen de contraindre votre chien à vous obéir lorsqu'il était loin de vous. Sachez qu'il faut environ 1 semaine pour arriver à la manipuler. Pour en fabriquer une, faites l'acquisition dans une droguerie d'une corde en nylon solide de 10 à 15 mètres de long. Attachez un mousqueton à l'une des extrémités et faites à l'autre une boucle en guise de poignée. Ensuite, enroulez-la autour d'une bâton épais pour éviter qu'elle ne s'emmêle. Lorsque vous l'utilisez dans un parc, veillez à ce qu'elle ne se prenne pas dans les branches d'arbres, les buissons, les bancs ou n'importe quels autres objets. Il est plus simple de promener votre chien sur des terrains dégagés et dans des parcs. Pour l'entraîner au rappel dans votre jardin, choisissez une laisse de 3 mètres de long. Là aussi, vérifiez qu'aucun objet ne risque d'entraver son passage.

## Rappel au jardin

Après avoir fixé sa longue laisse à son collier, lâchez votre chien dans votre jardin en lui disant : « Allez ! ». Ne faites pas attention à lui tant qu'il ne s'est pas éloigné pour aller flairer quelque chose. Mettez alors vos gants et ramassez sa laisse (les gants sont là pour empêcher que la corde vous brûle au cas où votre chien filerait brusquement). Vous pouvez saisir cette dernière à n'importe quel endroit, pas obligatoirement à son extrémité, et la raccourcir sans tirer dessus. Donnez à votre chien l'ordre « Viens ! ». S'il obéit, félicitez-le, puis lâchez-le à nouveau. S'il bondit autour de vous, laissez tomber sa laisse par terre afin qu'elle ne s'emmêle pas. Répétez l'ordre « Allez ! ». Une fois que votre chien s'est éloigné, recommencez l'exercice. Vous pouvez lui donner une friandise quand il a répondu à votre appel afin qu'il établisse un lien de cause à effet entre obéissance et récompense.

**3**
S'il vous rejoint quand vous l'appelez, prenez un ton enthousiaste pour le féliciter. Enroulez progressivement sa laisse pour la raccourcir, afin qu'il ne se prenne pas les pattes dedans.

**4**
Obéissant, votre chien revient vers vous. Tout en réduisant la longueur de sa laisse, faites attention à ne pas tirer dessus : elle doit rester lâche.

**5**
Si votre chien réagit correctement quand vous l'appelez, vous pourrez rapidement vous passer d'une laisse. En revanche, s'il vous ignore, utilisez-la pour attirer son attention. Cette technique est expliquée à la page suivante.

**6**
Une fois que l'exercice a été effectué avec succès, lâchez votre chien. Puis recommencez tout depuis le début.

# Rappel à l'aide d'une longue laisse (suite)

■ Motivez-le, qu'il soit content de revenir vers vous.

## PETIT AVERTISSEMENT

Si votre chien vous ignore ou continue à s'affairer de son côté, répétez l'ordre « Viens ! » en donnant un petit coup sec sur sa laisse, avec vos deux mains s'il est vigoureux (dans le cas des chiots de moins de 6 mois ou de chiens délicats, il ne doit s'agir que d'une faible secousse). La corde en nylon étant souple, votre chien ne ressentira qu'une légère traction, mais celle-ci l'obligera au moins à vous regarder. Certains chiens ne savent pas d'où vient cette gêne et prêtent l'oreille. N'essayez pas de tirer le vôtre vers vous, ce n'est pas le but de l'exercice. Sitôt qu'il vous a remarqué, répétez à nouveau l'ordre « Viens ! » s'il n'a pas encore commencé à courir vers vous. Félicitez-le chaleureusement au moment où il vous rejoint. S'il semble hésitant et peu motivé, soyez théâtral(e), sautez et reculez en courant lorsqu'il se dirige vers vous. Cela aura pour effet de l'exciter, de le rendre plus confiant et plus attentif. N'oubliez pas d'enrouler sa laisse quand il s'approche de vous.

Une fois qu'il est à côté de vous, caressez-le et donnez-lui une friandise pour qu'il associe l'ordre à la récompense. Saisissez sa laisse à 20 cm de son collier et laissez le reste tomber par terre. Dites-lui : « Assis ! » et félicitez-le s'il obéit.

Répétez cet exercice plusieurs fois jusqu'à ce que votre chien réagisse à chacun de vos appels en revenant auprès de vous sans que vous ayez à donner un petit coup sec sur sa laisse, qu'il vienne non pour recevoir une récompense, mais parce qu'il est content d'être avec vous.

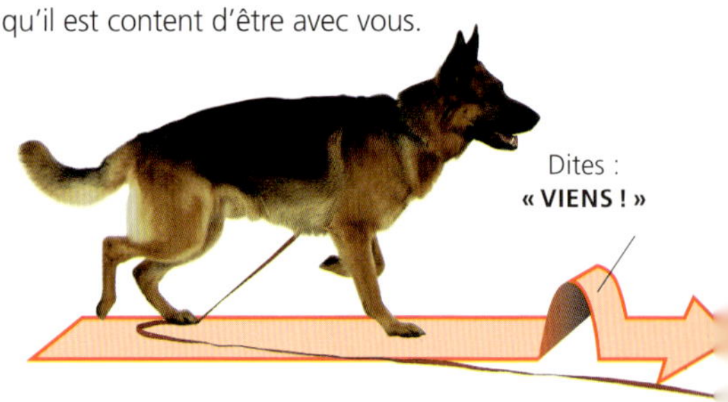

À la fin de l'exercice, quelques compliments, des caresses, des petites tapes ainsi qu'une friandise récompenseront votre chien qui, dès lors, associera tout cela au fait d'accourir quand vous l'appelez.

**2**
Si votre chien ne réagit pas, donnez un petit coup sec sur sa laisse pour éveiller son attention. Rappelez-vous qu'il s'agit juste d'une légère secousse, il ne faut pas que vous le tiriez de force vers vous.

**3**
Commencez à récupérer la laisse quand votre chien s'approche de vous.

**4**
Répétez : « Viens ! » et encouragez votre chien à courir vers vous à grand renfort de paroles et de gestes enthousiastes.

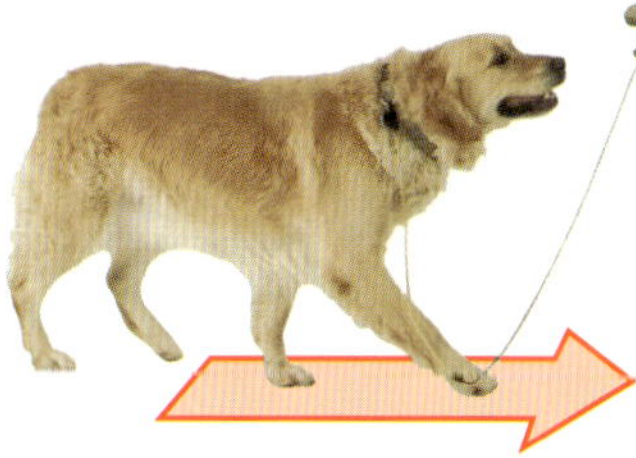

## ACTION ET RÉACTION

**1**
Si votre chien semble dépourvu d'énergie et de motivation, essayez de vous montrer théâtral(e) de façon à susciter son intérêt.

**2**
Levez les bras au ciel et reculez en courant. Essayez toutes les tactiques qui inciteront votre chien à accourir.

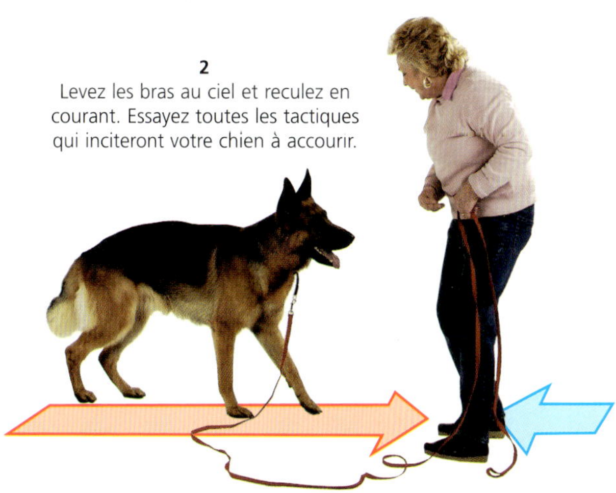

# Rappel dans un parc

- Au départ, évitez les lieux fréquentés par de nombreux chiens.
- Raccourcissez progressivement la laisse de 15 à 1 mètre(s).
- Détachez-la si votre chien ou un autre s'est emmêlé les pattes dedans.

## Rappel dans un parc au moyen d'une longue laisse

Il faut maintenant parler du rôle psychologique de la laisse. Quand votre chien est lâché dans un parc, il s'éloigne souvent à plus de 15 mètres, c'est-à-dire plus loin que la longueur d'une laisse en nylon ne le lui permet. Ne gardez pas la longue corde en nylon en main comme s'il s'agissait d'une laisse rétractable puisque, de toute façon, elle est trop courte. Si votre chien est constamment freiné par sa laisse, il prendra conscience de sa longueur et saura que vous pouvez le retenir tant qu'il reste à une certaine distance de vous. Or, il ne faut surtout pas qu'il comprenne cela. Essayez donc de le rappeler avant qu'il soit trop loin. Saisissez sa laisse à n'importe quel endroit, pas seulement à son extrémité, et, sans attendre qu'elle soit trop tendue, donnez à votre chien l'ordre « Viens ! ». S'il se retourne et vient vers vous, c'est parfait ! Finissez alors l'exercice comme cela a été expliqué précédemment. Faites asseoir votre chien, attendez quelques secondes, puis lâchez-le à nouveau. Répétez cet exercice autant de fois que possible.

Si votre chien se trouve à 100 mètres de vous, sa laisse sera complètement déroulée et traînera à sa suite. Marchez avec désinvolture dans sa direction et saisissez la laisse. Enroulez-la autour de votre main et appelez de nouveau votre chien. S'il obéit, tant mieux. S'il tarde à réagir ou continue à s'occuper d'autre chose, donnez un petit coup sec sur sa laisse pour lui rappelez que vous êtes là et qu'il doit venir.

Le fait qu'il se trouve à 2, 20 ou 200 mètres ne lui indique pas la longueur de la laisse qui traîne derrière lui. Il sait seulement que, s'il n'obéit pas au rappel, il sera interrompu dans son activité, alors que, s'il obéit, il aura droit à une récompense.

Si votre chien se précipite vers vous, puis stoppe à mi-chemin ou se montre hésitant, reculez en courant et en répétant l'ordre « Viens ! ». Si sa laisse s'est accrochée à quelque chose, attachez une laisse normale à son collier et détachez la première avant d'aller la dégager.

## Comment faire obéir votre chien sans laisse

Beaucoup de chiens apprennent à revenir assez vite lorsqu'ils sont tenus en laisse. Par conséquent, continuez à les garder en laisse même une fois le délai de 21 jours écoulé. Testez l'obéissance de votre chien dans le plus grand nombre de lieux possible. Vous pouvez également l'inciter à vous

### RAPPEL AVEC UNE LONGUE LAISSE

Lorsque votre chien s'ébat librement dans un parc à une certaine distance de vous, laissez sa laisse traîner derrière lui. Ne la gardez pas en main, sinon votre chien va se sentir freiné dans son élan à des moments inopportuns.

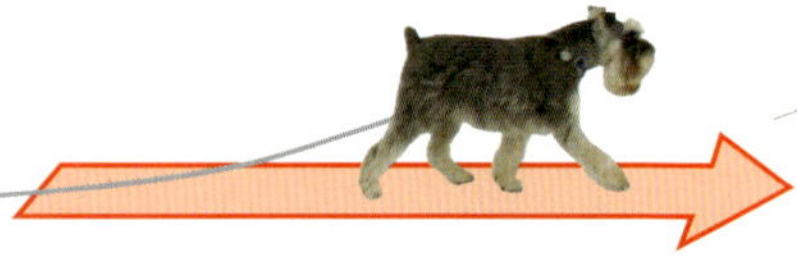

1

2

**Ci-dessus et à droite :** Les étapes 1 à 5 montrent qu'il est possible d'utiliser une longue laisse pour faire obéir un chien quand on l'appelle. Ici, le chien rejoint son maître sans problèmes et s'assied quand il est auprès de lui.

rejoindre à l'aide d'un jouet musical, d'une balle ou d'une autre récompense.

Lorsque vous n'avez plus besoin de donner un petit coup sec pour que votre chien réponde à votre appel, raccourcissez chaque semaine d'un quart la longueur de la laisse, jusqu'à ce qu'elle ne mesure plus que 1 mètre. Votre chien croirra qu'il est encore attaché. Le poids de la laisse ne doit pas disparaître en l'espace d'une seule journée.

## Rappel à l'aide d'une longue laisse – Récapitulatif

- Votre chien comprend qu'il risque d'être gêné par une légère secousse lorsqu'il vous ignore.
- Lorsqu'il se précipite vers vous, ayez l'air ravi et très intéressé.
- Lorsqu'il s'approche de vous, répandez-vous en éloges, dites-lui : « Assis ! », ou reculez en courant.
- Vous pouvez également le récompenser avec une friandise.

## Quelques problèmes :

### D'AUTRES CHIENS SE PRENNENT LES PATTES DANS LA LAISSE DU VÔTRE

**Solution :** Tant que votre chien n'obéit pas très bien, n'utilisez une longue laisse pour l'exercer au rappel que dans les lieux peu fréquentés par d'autres chiens. Si malgré tout cela se produit, rappelez votre chien, détachez sa longue laisse en nylon et remplacez-la par sa laisse habituelle. Laissez la plus longue sur le terrain ; vous reviendrez la chercher quelques minutes plus tard.

### LA LAISSE EN NYLON S'EST ENROULÉE AUTOUR DES PATTES DE VOTRE CHIEN

**Solution :** La plupart des chiens parviennent à se dégager seuls. Dès que leur maître essaie de les aider, ils se mettent à tourner dans tous les sens et ont tendance à se prendre encore davantage dedans. Mieux vaut détacher la laisse et la laisser tomber par terre. Votre chien se dégagera seul.

### VOTRE CHIEN REVIENT, MAIS REPART TOUT DE SUITE EN COURANT

**Solution :** Mettez le pied sur sa laisse de façon à l'empêcher de repartir, puis saisissez-la comme une laisse ordinaire. Dès que votre chien est à côté de vous, accrochez sa laisse habituelle à son collier pour éviter qu'il ne s'enfuie.

### QUAND IL S'APPROCHE DE VOUS, DITES-LUI : « ASSIS ! », PUIS ATTRAPEZ-LE PAR SON COLLIER.

S'il a l'habitude de passer devant vous sans s'arrêter en revenant, dites-lui « Assis ! » lorsqu'il est à moins de 2 mètres de vous. Cela aura pour effet de ralentir sa progression.

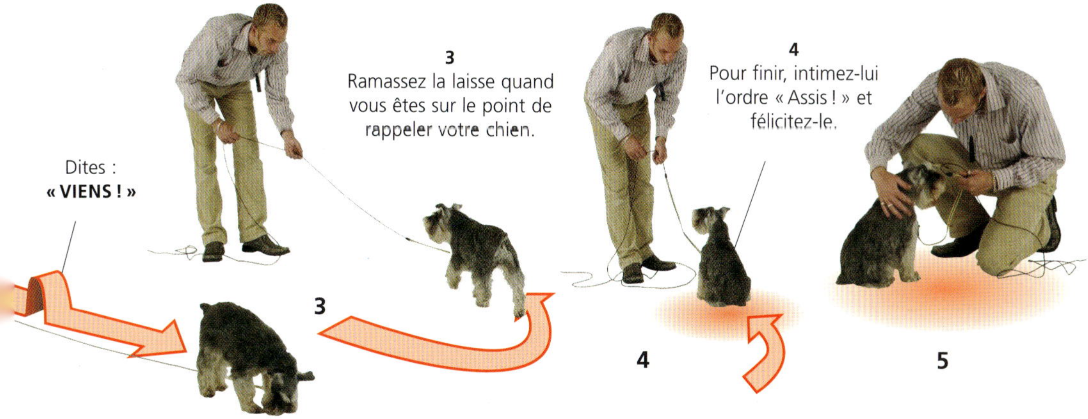


S'il n'avait pas réagi à l'ordre « Viens ! », son maître aurait donné un coup sec sur sa laisse pour lui rappeler qu'il devait revenir.

# Laisses à enrouleur et sifflets

- Les laisses à enrouleur facilitent le travail avec les chiots.
- Chiens comme humains ne peuvent ignorer un bref coup de sifflet.
- N'oubliez pas les récompenses ! Elles permettent d'ancrer les progrès.

## Utilisation de laisses rétractables (sans risque pour les chiots)

Une laisse rétractable est une longue laisse qui s'enroule automatiquement dans un boîtier en plastique muni d'une poignée que vous tenez. Vous pouvez l'utiliser pour faire revenir votre chien lorsqu'il se trouve à différentes distances. Elle ne peut cependant pas remplacer la longue laisse en nylon employée lors de l'exercice précédent, car votre chien tirerait l'enrouleur en plastique derrière lui – ce qui est absolument inconcevable et aurait l'effet contraire de celui souhaité sur le plan psychologique. Les laisses à enrouleur sont fréquemment utilisées pour dresser les chiots et les entraîner à revenir au moyen d'un appât gourmand. Elles permettent en effet de contrôler les mouvements des jeunes chiens dans un jardin ou un lieu clos.

1
Ici, le dresseur se sert d'un sifflet pour attirer l'attention d'un chiot avant de lui donner l'ordre de venir.

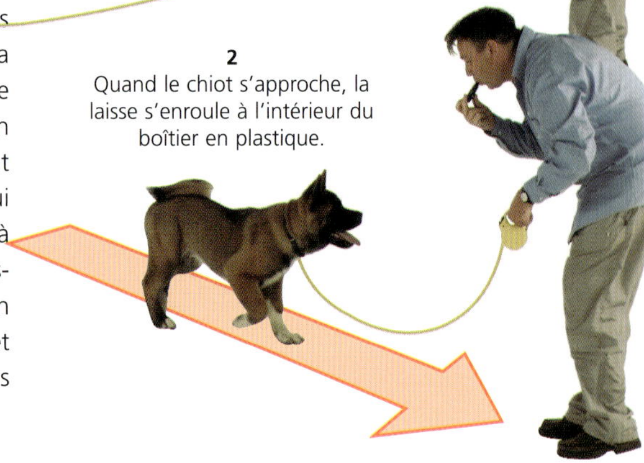

2
Quand le chiot s'approche, la laisse s'enroule à l'intérieur du boîtier en plastique.

## Rappeler votre chien avec un sifflet

Un sifflet peut se révéler d'une grande aide. Votre chien sait généralement ce que l'ordre « Viens ! » signifie, mais ne réalise pas nécessairement qu'il doit, toutes affaires cessantes, accourir vers vous. Le son du sifflet constitue un signal clair, perceptible de très loin et qu'il reconnaît toujours. Vous pouvez donc l'utiliser conjointement à d'autres méthodes comme celles consistant à faire miroiter à votre chien la perspective d'une récompense, qui peut prendre la forme d'une friandise, d'un jouet, de compliments ou même d'une bonne partie de cache-cache.

### UTILISATION DU SIFFLET POUR FAIRE REVENIR UN CHIEN

Le son produit par le sifflet porte beaucoup plus loin que la voix. C'est très utile pour les maîtres qui ne sont pas toujours capables de rester à proximité d'un chien fougueux dans un parc.

1
Le chien réagit au coup de sifflet en revenant auprès de son maître.

Commencez à vous servir du sifflet dans votre maison ou votre jardin. Assurez-vous que votre chien n'a pas mangé ce jour-là, ou s'il est particulièrement difficile, divisez son repas quotidien en plusieurs portions. Il faut bien sûr que celui-ci soit constitué de gros morceaux de viande. La nourriture déshydratée est en effet déconseillée pendant le dressage.

Cette méthode fonctionne à peu près selon le même principe que celle préconisant l'emploi d'un jouet, sauf que cette fois c'est l'appât d'un morceau de viande qui pousse le chien à obéir à l'ordre « Viens ! ». Commencez d'abord à l'appliquer chez vous, puis dans un jardin. Il vous faudra pratiquer cet exercice à peu près six fois avant que votre chien comprenne le message.

## UTILISATION D'UNE LAISSE RÉTRACTABLE

**3**
Quand il vous a rejoint(e), encouragez-le à s'asseoir calmement à vos pieds.

Dites :
**« ASSIS ! »**

**4**
Lorsqu'il a obéi à l'ordre « Assis ! », donnez-lui une petite friandise.

**5**
La laisse s'est enroulée presque complètement dans le boîtier. Le dresseur peut se servir de ses deux mains pour caresser et récompenser le chiot.

Ce dernier le fait asseoir, puis le félicite et lui prodigue des caresses pour le récompenser de sa bonne conduite. Il peut aussi lui accorder un morceau de nourriture.

**2**

# Rappel à l'aide d'un sifflet

- Ordre, sifflet, appât gourmand, mettez tous les atouts de votre côté.
- Les chiots sont vifs, impulsifs, mais manquent de coordination.
- Un coup de sifflet doit faire réagir votre chien, même s'il dort.

Si votre chien ne vous prête aucune attention alors qu'il se trouve à votre proximité, appelez-le par son nom, intimez-lui l'ordre de venir, puis donnez un coup de sifflet. S'il ne réagit pas plus, approchez-vous de lui en plaçant un morceau de nourriture près de son museau. Laissez-le flairer l'appât tout en reculant de quelques pas. Il faut l'inciter à vous suivre. Lorsqu'il le fait, répétez l'ordre « Viens ! » et donnez un nouveau coup de sifflet, mais cette fois en omettant de prononcer son nom. Octroyez-lui immédiatement le morceau de nourriture. Ignorez-le à nouveau jusqu'à ce qu'il s'éloigne de vous. Si les chiens obéissent assez vite, les chiots, eux, ont besoin de leur flair pour suivre le morceau de nourriture, car leur sens de la coordination n'est pas encore très développé.

Une fois que le chien a réalisé que le son du sifflet annonce une récompense gourmande, cessez de lui donner l'ordre « Viens ! » sitôt qu'il vous rejoint. Contentez-vous d'un coup de sifflet. Donnez-lui la friandise, quand il arrive près de vous. Le dressage ira dès lors beaucoup plus vite. Il se peut que votre chien, dans son zèle, ne veuille plus vous quitter d'une semelle. Dans ce cas, vous devrez l'ignorer pendant un certain temps avant de recommencer à le siffler.

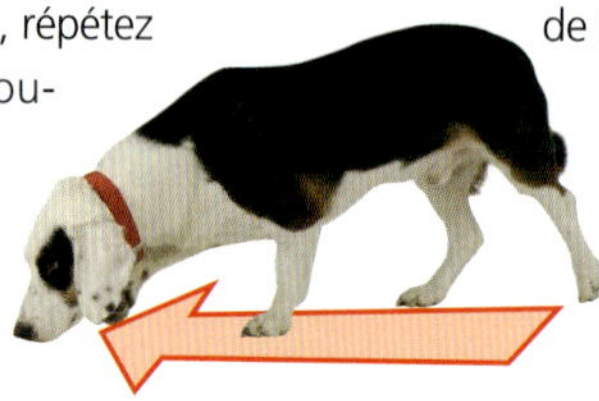

**1**
Vous devrez utiliser à la fois le sifflet, l'ordre « Viens ! » et une récompense gourmande pour encourager votre chien à obéir.

**LE RAPPEL AVEC UN SIFFLET**

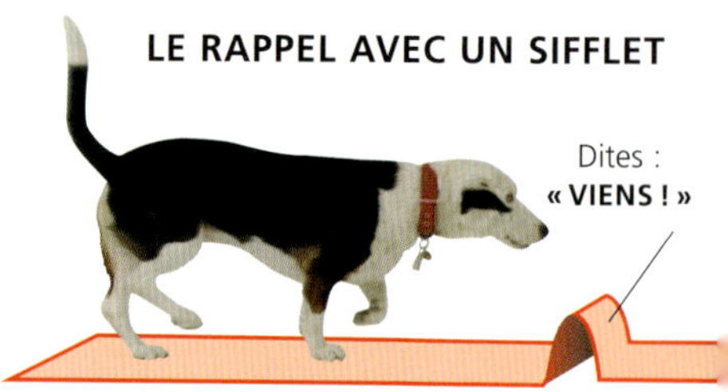

**DEBOUT !**
Quand votre chien dort dans l'entrée ou près de la porte, donnez un coup de sifflet pour qu'il vous entende même s'il ne vous voit pas. S'il arrive, cela voudra dire qu'il a compris la leçon. Quand vous le perdrez de vue chez vous ou dans un parc, votre sifflet vous sera très utile.

Les chiens bien dressés réagissent au coup de sifflet même lorsqu'ils sont assoupis ou hors de votre champ de vision.

## LES CHIOTS DOIVENT VOUS SUIVRE À LA TRACE

Il est possible d'apprendre aux chiots à venir quand on les appelle, mais n'oubliez pas qu'en raison de leur âge, ils ne restent pas concentrés très longtemps et se laissent facilement distraire. Ils ne maîtrisent, en outre, pas encore très bien la coordination de leurs mouvements. Il peut donc être nécessaire de maintenir l'appât gourmand à proximité de leur truffe pour qu'ils puissent vous suivre en utilisant leur flair.

**Ci-dessus :** Ce teckel a les yeux rivés sur le morceau de nourriture que sa maîtresse brandit devant sa truffe. Comme elle, n'hésitez pas à vous servir d'un appât gourmand pour apprendre à votre chien à revenir quand vous l'appelez.

**2**
Lorsque votre chien furète de-ci, de-là sans vous prêter attention, appelez-le par son nom, puis donnez-lui l'ordre « Viens ! » en ponctuant ce dernier d'un coup de sifflet.

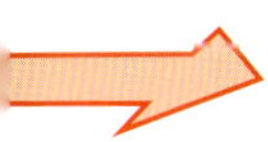

**3**
Reculez en courant et en vous servant d'un morceau de nourriture pour l'attirer. Vous pouvez aussi donner un autre coup de sifflet pour provoquer la réaction souhaitée.

**4**
N'oubliez pas de lui donner la récompense qu'il mérite dès qu'il est assis près de vous.

**5**
Par la suite, un coup de sifflet suffira à le faire revenir. Vous disposerez donc d'un outil très utile.

# Jeu de cache-cache

- Pour indépendant qu'il soit, votre chien n'aime pas vous perdre de vue.
- Il sera très soulagé lorsque vous sortirez de votre cachette.
- Vous direz « Viens ! », il craindra que vous puissiez à nouveau disparaître.

## Rappel en jouant à cache-cache

On peut se demander pourquoi il est si difficile de faire revenir les chiens près de nous, en dépît de leur instinct grégaire. Bien entendu, ils ne sont pas censés nous suivre partout en permanence. Les loups eux-mêmes se dispersent : s'ils chassent en meute, ils peuvent aussi le faire en solitaire. De la même façon, un chien peut s'éloigner d'un bon kilomètre de son propriétaire sans pour autant avoir l'intention de s'enfuir.

Néanmoins la méthode proposée ici tire justement parti de cet instinct grégaire qui pousse le chien à bouger, chasser et errer en groupe. Pour qu'elle soit efficace, il faut que votre chien soit très attaché à vous et qu'il vous considère comme son chef (voir également le chapitre 2, consacré à la manière de dominer son chien pp. 30-39).

Choisissez un lieu calme, sans axes de circulation importants, de façon à ce que, si votre chien vous perd de vue momentanément, il ne coure aucun danger. Lorsqu'il s'est éloigné de vous d'une cinquantaine de mètres, cachez-vous derrière un arbre ou un buisson. Généralement, les chiens aiment vous voir même s'ils ne vous obéissent pas. Depuis votre cachette, appelez le vôtre par son nom et dites-lui : « Viens ! » Vous pouvez aussi utiliser un sifflet pour attirer son attention si vous l'y avez habitué pendant le dressage. Au bout d'un moment, il finira par remarquer votre disparition. S'il commence à partir à votre recherche et ne vous voit pas, il va sans doute paniquer. Attendez un peu, puis montrez-vous. Lorsqu'il court pour vous rejoindre, répétez l'ordre « Viens ! » et, pour le féliciter, ne vous privez pas de faire un peu de cinéma en sautant et courant comme si sa venue était la chose la plus excitante qui soit. Vous pouvez aussi lui lancer un jouet.

Répétez cet exercice plusieurs fois au cours de vos promenades quotidiennes. S'il a de l'effet sur votre chien, vous pourrez constater que vous avez de plus en plus de mal à le semer. Mon chien, qui est très obéissant, adore jouer à cache-cache et demeure vigilant quand nous nous promenons dans des parcs ou à la campagne. Par la suite, il vous suffira de dire : « Viens ! » pour que votre chien se précipite vers vous avant que vous ayez pu vous dissimuler. Parfois, une friandise peut renforcer le côté persuasif de votre appel.

Quand votre chien entend votre appel ou un sifflement sans parvenir à vous voir, il se met à votre recherche.

Vous pouvez jouer à cache-cache avec votre chien de temps à autre au cours de vos promenades. Il sera impatient de vous rejoindre avant que vous ne disparaissiez à nouveau.

**Ci-dessus :** Lorsque votre chien vous a trouvé(e), rassurez-le en le félicitant et en le caressant généreusement.

Tandis qu'il court à droite et à gauche dans l'espoir de vous retrouver, sortez de votre cachette en lui disant : « Viens ! »

## RAPPEL EN JOUANT À CACHE-CACHE

Cette méthode donne souvent de bons résultats avec les chiens qui aiment vagabonder au cours d'une promenade. Bien que votre chien semble parfois indifférent à votre présence, il aime vous savoir non loin de lui. En vous cachant et en l'appelant ou le sifflant pour le faire venir, vous allez le désorienter et l'inquiéter. Il aura envie de se précipiter vers vous dès que vous réapparaîtrez. À ce moment-là, dites-lui à nouveau l'ordre « Viens ! ».

# Utilisation d'un collier électronique

- « Quelle horreur ! Qu'est-ce que c'est que cette odeur ? »
- « Au fait, n'ai-je pas entendu mon maître m'appeler ? »
- Un chien agressif qui a été bien dressé pourra être maîtrisé.

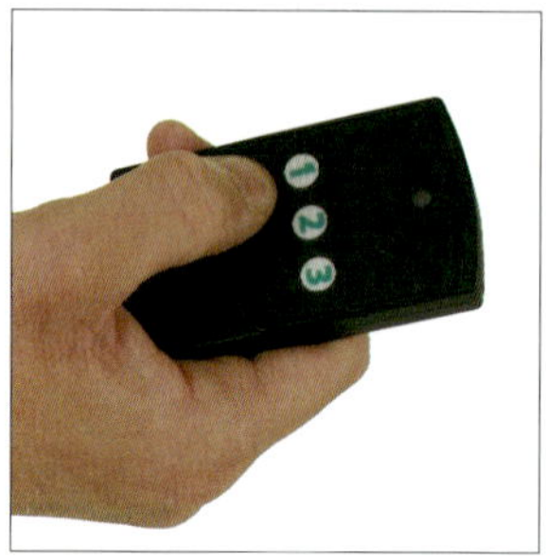

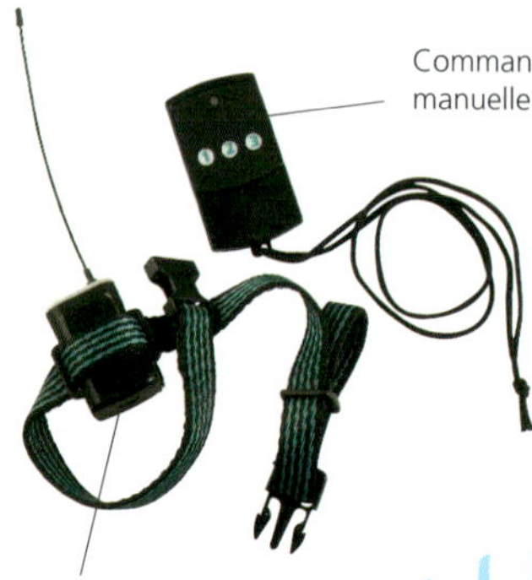


## Rappel à l'aide d'un collier électronique

Les colliers électroniques constituent les dispositifs les plus récents pour contrôler les mouvements d'un chien à distance. Ils sont équipés d'une poche contenant une substance inoffensive sous forme de spray comme de la citronnelle ou de l'arôme de moutarde. Lorsque vous actionnez la commande, le boîtier fixé sur le collier en libère un jet qui enveloppe le museau de votre chien. Psychologiquement, l'effet produit est analogue à celui d'un rappel par un petit coup sec sur la laisse. Voici ce qui en découle :

- Alarmé, le chien est heureux de revenir auprès de son maître qui l'appelle.
- Il est interrompu brusquement dans son activité du moment et entend donc l'ordre « Viens ! ».

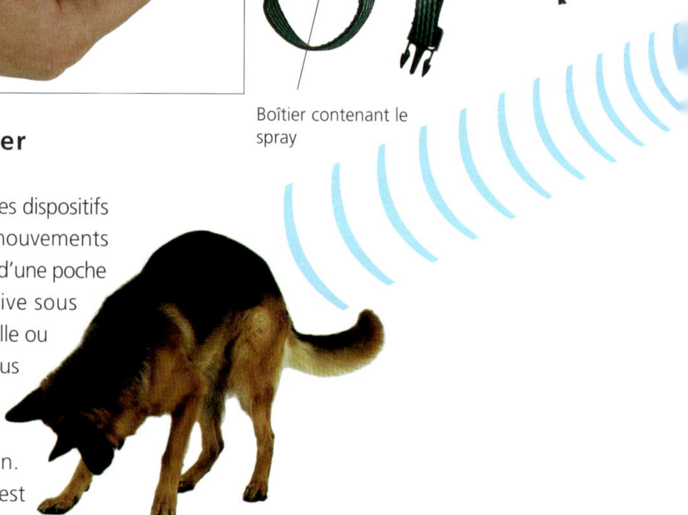

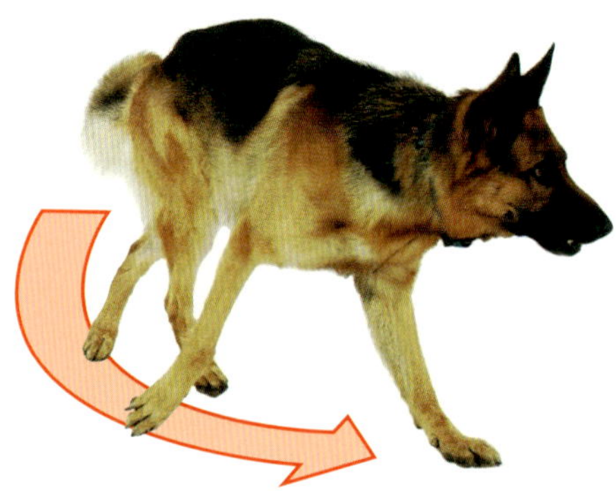

Mieux vaut avoir certaines connaissances en matière de dressage avant d'utiliser ce collier. Il ne devrait être vendu qu'aux personnes décidées à demander l'aide d'un dresseur qui leur explique son fonctionnement et vérifie qu'elles l'emploient correctement. Les instructions fournies par le fabricant sont la plupart du temps insuffisantes.

## RAPPEL À L'AIDE D'UN COLLIER ÉLECTRONIQUE

Ce collier a pour effet de surprendre le chien qui ignore vos ordres. Il suscite une sensation désagréable en produisant un bruit strident accompagné d'une odeur âcre. Votre chien découvre qu'il vaut mieux obéir à votre appel plutôt que l'ignorer comme il l'a fait jusqu'alors.

**1**
L'odeur âcre du spray d'essence libérée par le collier interrompt votre chien dans son activité. Il va probablement lever les yeux, l'air décontenancé.

La télécommande est actionnée de façon à ce que le collier vaporise un jet nauséabond.

Dites : **« VIENS ! »**

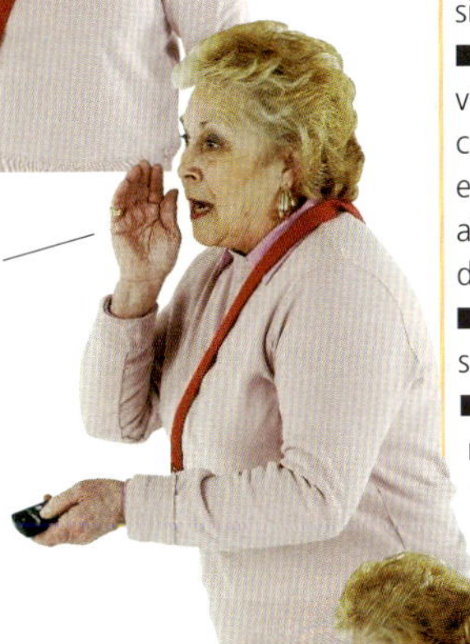

**2**
Profitez de ce que votre chien se sent inquiet et regarde autour de lui dans l'espoir de vous trouver pour répéter une nouvelle fois l'ordre « Viens ! ».

**3**
Votre chien devrait accourir. Félicitez-le quand il s'approche. Dites-lui qu'il est un « bon chien ». Mais attention : demandez le conseil d'un professionnel avant d'utiliser ce collier pour la première fois.

Dites : **« BON CHIEN ! »**

### Les choses à faire et à ne pas faire

- Ne courez jamais après un chien qui ne répond pas à votre appel. Il prendrait cela pour un jeu et cela nuirait au dressage.
- Ne criez pas. Votre chien risque d'associer le rappel à votre colère – ce qui est tout sauf le but recherché.
- Ne corrigez pas votre chien après l'avoir attrapé parce qu'il n'est pas venu plus tôt. Cela n'a aucun effet sur lui.
- Ne pratiquez pas les exercices de rappel dans des lieux offrant trop de distractions, car cela rendrait votre tâche beaucoup plus ardue. Attendez plusieurs semaines avant de tenter une telle expérience.
- N'entraînez pas votre chien au rappel une fois la promenade terminée. Il risque de ne pas obéir et de se montrer indifférent simplement parce qu'il est fatigué.
- Ne l'appelez pas si, au bout du compte, vous êtes incapable de le faire obéir, même si cela signifie qu'il pourra vagabonder dans les endroits où vous ne souhaiteriez pas qu'il aille. Il ne doit pas avoir d'autre choix que d'obéir lorsque vous lui donnez un ordre.
- Vérifiez que vous savez ce que vous êtes sur le point de faire.
- Assurez-vous que vous avez tout le matériel nécessaire, de même que les friandises que vous voulez utiliser à portée de votre main.
- Changez de lieu ou essayez plusieurs méthodes de rappel si votre chien est réticent ou a l'air désorienté.
- Veillez à lui faire accomplir plusieurs exercices différents et finissez toujours par celui qu'il réussit le mieux.

CHAPITRE 10

# À partir du 22e jour

# Poursuite du dressage

- Le dressage doit être entretenu, amélioré. Il n'est jamais acquis.
- Un chien qui obéit à l'ordre « Pas bouger ! » revient quand on le rappelle.
- Il reproduit spontanément des habitudes acquises au cours du dressage.

Après ces 31 jours de dressage, loin de faiblir, l'obéissance de votre chien devrait même, au contraire, pouvoir être renforcée. Cela dépendra, bien sûr, de son âge et de sa race, mais aussi de votre attitude.

La relecture du chapitre portant sur les lieux de dressage (p. 156-169) vous permettra de vous faire obéir dans votre environnement habituel. Si vous habitez en ville, vous devrez, compte tenu de l'animation qui y règne, avoir choisi un chien particulièrement obéissant, capable de marcher au pied dans une rue bondée. Les personnes vivant à la campagne devront, elles, entraîner leur chien à répondre sans hésiter à leur appel afin d'éviter tout problème avec des animaux de ferme ou des bêtes non domestiquées. Le faire marcher au pied sera en revanche secondaire.

## Combiner dressage et promenade

Lorsque je me promène en compagnie de mes chiens, les passants s'étonnent souvent de leur bonne conduite, regrettant que les leurs ne soient pas aussi obéissants. Ces personnes semblent penser que mes chiens sont par nature dociles. Sans doute consacrent-elles autant de temps que moi à promener leurs chiens. Mais, en ce qui me concerne, je m'efforce d'utiliser chaque promenade pour entretenir ou améliorer le dressage des miens, au lieu de me contenter de les maîtriser tant bien que mal. S'ils sont bien éduqués, c'est donc parce que je veille à cela et que je leur fais bien comprendre que je les domine.

Je teste leur obéissance chaque fois que je vais en ville ou pars me promener avec eux dans la campagne. Mes chiens, un cairn terrier et un berger allemand, savent qu'ils doivent se coucher et rester sans bouger dans l'allée menant à ma maison pendant que j'ouvre le coffre de ma jeep. Aucune bousculade n'est

Essayez d'effectuer des exercices chaque fois que vous sortez votre chien. Cet effort, très raisonnable, sera pour vous source de satisfaction.

autorisée. Ils entrent dans le véhicule seulement lorsque l'ordre « Montez ! » a retenti.

Lorsque nous arrivons sur le lieu de promenade, ils doivent rester assis sans bouger tant que je n'ai pas ouvert la portière. Quand je l'ouvre, j'attends environ 10 secondes avant de les faire sortir. Je les appelle et leur demande de s'asseoir. Là encore, j'exige qu'ils restent immobiles un court instant avant de les lâcher en disant « Allez ! ». Ils effectuent alors une promenade de 8 kilomètres sans être tenus en laisse. Les différents exercices qui ont précédé ont renforcé leur obéissance et les ont obligés à rester attentifs.

Pendant la promenade, je les rappelle parfois quand j'aperçois au loin un autre chien venir vers nous, surtout s'il est de petite taille. Les propriétaires de chiens de ce type sont souvent inquiets quand ils voient un grand berger allemand accourir à leur rencontre. En appelant mes chiens et en les faisant mettre au pied, je permets qu'ils soient rassurés, car ils voient que je contrôle pleinement la situation. Si tout se passe bien, je laisse mes chiens s'éloigner à nouveau, faire la connaissance de leurs congénères et jouer avec eux. Ils ont tendance à me regarder dès qu'ils voient un autre chien au lieu de filer à sa rencontre. Ils ont acquis cette habitude pendant leur dressage et n'en sont que plus obéissants. Quelles que soient les circonstances, ils savent qu'ils doivent toujours m'écouter et m'obéir.

Même si nous ne croisons pas d'autres chiens pendant notre promenade, je les rappelle à plusieurs reprises et les fais asseoir dès qu'ils m'ont rejoint. Je marque une pause et leur dis qu'ils sont de « bons chiens » avant de les lâcher à nouveau. Lorsque la promenade touche à sa fin, à environ 200 mètres de la voiture, je les rappelle et les fais marcher au pied. Conditionnés par ces exercices répétés, ils se mettent d'eux-mêmes à marcher au pied quand je suis à près de 200 mètres de ma jeep. Je les félicite toujours, et maintenant c'est devenu un véritable rituel. Cet exemple illustre la façon dont les chiens assimilent ce qu'on leur apprend et l'effet positif d'un dressage quotidien.

## Devez-vous contacter un club de dressage ?

Beaucoup de maîtres s'adressent à un club pour dresser leurs chiens. Malheureusement, ils sont souvent déçus par ce que l'on y enseigne et cessent de s'y rendre parce qu'ils n'aiment pas les méthodes utilisées ou parce qu'ils ne trouvent pas de dresseurs en qui ils puissent avoir confiance.

Pour éviter cela, je vous conseille, avant de choisir un club, d'aller voir comment s'y déroulent les séances de dressage. Parmi les nombreux organismes existant ou professionnels en activité, il y en a d'excellents. Encore faut-il prendre le temps de les chercher. Même après avoir dressé votre chien à l'aide de ce manuel, il n'est pas mauvais de tester ses acquis en compagnie d'autres maîtres et en présence de spécialistes. Le but du dressage est bien sûr de faire obéir votre chien dans votre vie de tous les jours, mais vous devez toujours essayer d'améliorer les résultats obtenus quand l'occasion se présente.

# Trouver des solutions aux problèmes

- S'il est indifférent aux récompenses gourmandes, affamez-le.
- Mieux vaut parfois changer d'endroit que s'obstiner sans être obéi.
- Ne sortez pas ensemble un chien dressé et un chien en cours de dressage.

En tant que dresseur professionnel, j'ai eu affaire à des chiens de différentes races, présentant des comportements extrêmement variés, mais aussi à des attitudes très diverses de la part de leurs maîtres. Il faut en effet non seulement jauger les chiens, mais aussi évaluer l'aptitude des maîtres à assimiler les exercices et à les mettre en pratique. Je dis toujours à mes clients de se regarder avant de critiquer leurs chiens lorsque des problèmes surviennent au cours d'une séance de dressage. Ce sont en effet eux qui sont chargés de la conduite des exercices.

Même si vous avez de la chance, vous vous heurterez inévitablement à certains problèmes en dressant votre chien à l'aide de ce programme. En voici un bref aperçu, ainsi que quelques conseils afin d'être capable d'y remédier…

Si votre chien effectue correctement les exercices, mais fait la sourde oreille lors du rappel, vous devez revoir ce point en particulier. Considérez les méthodes que vous avez employées et choisissez-en peut-être une autre parmi celles proposées dans ce manuel. Les réticences de votre chien résultent souvent d'une mauvaise habitude héritée du passé. S'il résiste envers et contre tout quand vous le rappelez, efforcez-vous de découvrir ce qui, dans l'exercice lui-même, n'a pas l'effet souhaité. La perspective d'une récompense sous forme de nourriture ne le motive peut-être pas suffisamment. Dans ce cas, cessez de lui donner son repas quotidien dans son écuelle, et nourrissez-le au cours de vos promenades pour le récompenser lorsqu'il a obéi. Même les chiens les plus difficiles ont besoin de manger. Vous pouvez également remplacer la nourriture par un jouet.

Si votre chien est incapable de résister aux distractions qui l'entourent et refuse de vous écouter, ne perdez pas votre temps à vous époumoner. Son attitude prouve qu'il ne reconnaît pas votre domination. Cherchez un lieu plus calme et faites-lui faire des exercices appropriés jusqu'à ce qu'il réagisse correctement. Puis revenez à l'endroit que vous avez quitté. Il s'agit avant tout d'être pragmatique. Lorsque des problèmes apparaissent, ne vous laissez pas gêner par des contingences extérieures.

## Une main secourable

Si vous avez un chien de grande taille et constatez en commençant à le dresser qu'il vous épuise ou paraît avoir le dessus, demandez à un ami de vous aider. Divisez la promenade de façon à ce que votre chien ait deux dresseurs. Pendant que votre ami fait répéter quelques exercices à votre chien, reposez-vous et pensez à l'apprentissage suivant. L'ami en question peut en outre vous faire remarquer certaines erreurs qu'il a repérées et contribuer à vous rendre aussi plus sûr(e) de vous.

Assurez-vous que vous avez toujours le matériel nécessaire à portée de main. Si vous utilisez une longue corde en nylon pour le rappel et qu'il vous arrive un jour de l'oublier, ne lâchez pas votre chien. Sinon, il comprendra vite que vous ne pouvez pas le rappeler à l'ordre à l'aide d'une légère secousse quand la commande « Viens ! » retentit. Tout le travail effectué jusque-là sera donc réduit à néant et, lors de la séance suivante, vous aurez toutes les peines du monde à reprendre en main votre chien désorienté.

D'autres propriétaires de chiens peuvent tenter de vous donner une leçon de sagesse en vous disant de laisser le vôtre profiter de sa liberté. Souriez sans les écouter. Vous n'avez pas besoin de conseils de ce type. La plupart des chiens étant livrés à eux-mêmes presque toute la journée, se concentrer quelques minutes ne constitue pas pour eux une épreuve insurmontable. De plus, votre chien pourra s'amuser et jouer à la fin de la séance d'exercices. N'oubliez pas, en effet, que le dressage doit être perçu comme quelque chose d'amusant. Votre chien bénéficie d'énormément d'attention de votre part ainsi que de nombreux compliments quand il obéit. Il joue à des jeux au cours desquels il doit rapporter un jouet. Il profite de ce que vous, son chef, vous occupiez de lui. Une fois la séance de dressage terminée, il est libre de faire ce qu'il veut, mais vous êtes sûr(e) qu'il vous obéira quand vous l'appellerez.

Si vous avez des amis qui ont eux aussi un chien et veulent bien le dresser avec vous, pourquoi ne pas convenir d'un rendez-vous au bout de 1 semaine de dressage ? Plus les chiens seront nombreux, plus les exercices effectués contribueront à renforcer l'obéissance du vôtre.

## Que faire si vous avez deux chiens ?

Beaucoup de maîtres ont deux chiens, voire plus. Il est fréquent que les problèmes d'autorité soient liés au manque d'obéissance de seulement l'un des deux, d'autant plus lorsqu'un des chiens a été recueilli après l'autre et provient d'un refuge. Les chiens abandonnés posent souvent des problèmes lors du dressage en raison de leur comportement.

Il arrive aussi que des personnes ayant déjà un chien très bien éduqué fassent l'acquisition d'un chiot et ne parviennent pas à le dresser. Elles appliquent les mêmes méthodes et ne comprennent donc pas d'où peut venir le problème. Un grand nombre de facteurs rentrent en ligne de compte, notamment la façon dont les chiens apprennent et les rapports qu'ils entretiennent entre eux au sein d'une meute. Deux enfants peuvent être très différents alors qu'ils ont été élevés de la même façon. La génétique joue un rôle important dans le développement du comportement. Cependant, les personnes qui ont su dresser un chien sont en général capables de faire de même avec le second.

Si l'un de vos chiens est plus difficile à dresser que l'autre, faites-lui suivre le programme présenté dans ce manuel et promenez-le seul pour lui faire faire des exercices. Attendez qu'il soit suffisamment obéissant pour emmener l'autre. Il n'est pas rare qu'un maître essaie de dresser un chien en tentant de promener l'autre en même temps. Or, même s'ils sont précédés par le nom de chacun, ses ordres seront compris par les deux chiens – au risque de les désorienter et de nuire à l'efficacité du dressage. Ne promenez le chien posant des problèmes en compagnie de l'autre que lorsqu'il sera plus discipliné. Mais, là encore, veillez à faire travailler celui qui vient juste d'être dressé, en laissant le second s'ébattre à sa guise. Faites cependant comprendre à ce dernier que c'est vous qui commandez dans toutes les situations. Avec le temps, vous aurez deux chiens obéissants, heureux et appréciant votre compagnie.

Vous pouvez aussi demander à quelqu'un de vous seconder afin d'accorder plus de temps au chien le moins obéissant et d'adopter la méthode la plus appropriée. Au bout d'un certain temps, vos deux chiens vous obéiront lorsque vous pourrez vous promener tous ensemble.

# Index

# Index

*N.B.* : Les numéros de pages en italique renvoient aux illustrations , les numéros en gras aux photographies d'un exercice décrit étape par étape.

## D



## E

## F



## G



## H



## I

## J



## L

## M



## N

## O



## P

## R



## S



## T



## U



## V

# Remerciements

## Remerciements de l'auteur

Je souhaite remercier toutes personnes qui m'ont aidé à réaliser ce manuel. J'exprime en particulier ma gratitude à Ross McCarthy pour son aide immense et ses compétences de dresseur et de comportementaliste, à tous les clients et amis qui nous ont autorisés à les photographier avec leurs chiens. Je tiens à remercier spécialement Spencer Boyle, Christine Brannan, Anne Brierly, Maggie Buckle, Judy Cooper, Margaret Cornwell, Julie Forward, Mike Johnson, Simone Le Boff, Sue McCarthy, Caroline McKernan, Tracey Neal, Diane Peters, Les Read, Tracey Thompkins, Angie Towse, et Chrissie Yggmark.

Je suis reconnaissant à Mme M.J. Litton pour m'avoir poussé sur la voie du succès, et à Judie Cooper pour son aide en matière de dressage.

Je remercie aussi tous mes chiens.

Je veux, pour finir, remercier Malcom, Neil, Philip et Kevin qui m'ont aidé à faire de ce livre une réalité.

*Colin Tennant, 2004*

## Crédits photographiques

Hormis celles mentionnées ci-dessous, toutes les photographies de ce livre ont été prises par Neil Sutherland dans des studios de Hertfordshire ou dans son studio à Billingshurst, West Sussex.

RSPCA : 56 (Cheryl A. Ertelt) ; 57 (A.E. Janes). Colin Tennant pour Interpet : 35 en bas à droite ; 37 en bas à droite ; 81 en bas à gauche ; 99 en bas.

## Pour plus d'informations

Les lecteurs qui désirent plus de conseils et d'informations sur différents sujets ayant trait au dressage et au comportement des chiens peuvent consulter le site Internet de l'auteur (www.colintennant.co.uk), où ils trouveront la liste des vidéocassettes consacrées au dressage et disponibles dans le commerce.

Achevé d'imprimé en Italie
par Rotolito Lombarda

Dépôt légal : 61915 - Septembre 2005
ISBN : 2501-043-01-4
Codification : 4092557/01